# 하나님의 신실한 언약

케이 아더 저 | 김경섭 등 역

# COVENANT

Originally Published by Precept Ministries of Reach Out, Inc.
Copyright, 1979, 1987 Reach Out, Inc.
All rights reserved.

Korean Edition
© 1997, 2009, 2024 by Precept Ministries Korea
8-1, Cheongnyongmaeul-gil, Seocho-gu, Seoul, Korea

LORD SERIES 07

# 하나님의 신실한 언약

케이 아더 저 | 김경섭 등 역

신구약 성경을 관통하는 하나님의 비밀병기

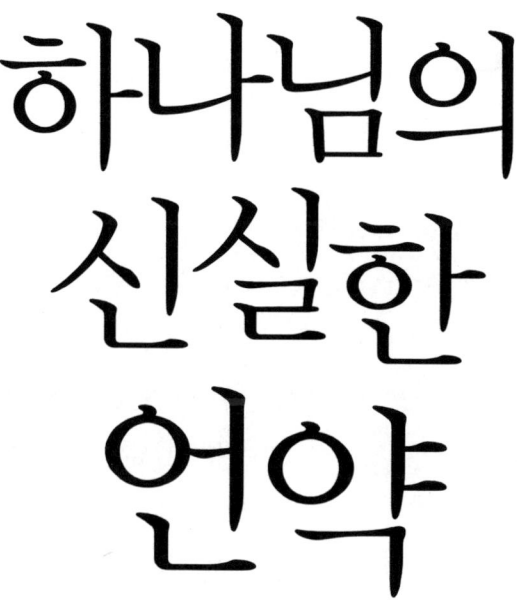

프리셉트

# 서문

성경 전편에는 두 가지의 중요한 사상이 흐르고 있습니다. 그것은 하나님 나라의 사상과 언약 사상입니다. 하나님께서는 범죄한 인생들을 구원하시기 위해 갈보리 십자가를 기초로 영원한 나라의 세계를 우리에게 열어주셨습니다. 그런데 이 나라는 어느 날 갑자기 세워진 것이 아니라 유구한 역사와 세월을 통해서 이루어졌습니다. 하나님께서는 태초부터 우리 인간과 언약을 맺으시고 그 언약을 성취하심으로써 하나님 나라의 완성을 이루어 오신 것입니다.

본서는 창세기에서 계시록에 이르기까지 언약의 관점에서 중요한 본문들을 귀납적으로 연구하도록 편제된 탁월한 성경 연구서입니다. 이 과정을 충실하게 연구하면 언약 사상의 중요한 이론을 성경적 입장에서 확립하게 될 뿐만 아니라 크리스천으로서의 실천적 삶을 영위하는 데 큰 도움을 얻게 될 것입니다.

「하나님의 신실한 언약」은 「언약」이라는 제목으로 초판 인쇄한 이후 지금까지 프리셉트 도서 중에서 베스트 순위에 있는 케이 아더의 탁월한 작품입니다. 특별히 독자분들께 좀 더 친근히 다가가기 위해 표지와 제목을 새롭게 단장하여 개정판을 출간하게 되었습니다.

신약과 구약을 통해 흐르는 하나님의 신실한 언약에 숨겨진 메시지를 통해서 하나님을 깊이 아는 지혜와 영적 통찰력이 샘솟듯 넘쳐 나기를 간절히 축복합니다.

프리셉트성경연구원 대표

김 경남

# 차례 CONTENTS

| | |
|---|---|
| 서문 | 3 |
| 제1과 | 7 |
| 제2과 | 35 |
| 제3과 | 53 |
| 제4과 | 75 |
| 제5과 | 93 |
| 제6과 | 109 |
| 제7과 | 145 |
| 제8과 | 167 |
| 제9과 | 195 |
| 제10과 | 213 |
| 제11과 | 219 |
| 부록(관찰작업표) | 237 |

# 제 1 과

    이것은 대부분의 그리스도인들에게 잘 알려지지 않은 진리입니다. 그러나 이것은 완전하고도 새로운 방법으로 하나님의 말씀을 여는 열쇠입니다. 저는 이 놀라운 진리를 곳곳에 다니며 전했는데, 그 반응은 예외없이 적극적이었습니다. 그들은 자신의 확신, 자유, 능력, 감사, 그리고 책임을 발견했기 때문입니다.

    언약은 조각그림 맞추기 게임에서 그림을 완성하는 데 없어서는 안 될 한 부분과 같이, 구원이라는 총체적인 구조물에 있어서 매우 주요한 구성요소입니다.

    저는 사람들이 언약에 관해 배울 때 다음과 같이 감탄하는 것을 몇 번이나 들어왔습니다. "이제 나는 전에 결코 이해하지 못했던 것을 이해하게 되었어요!", "내가 몇 년간이나 교회에 다니면서도 진정 언약이 무엇인지 이해하지 못했다는 것을 믿을 수가 없어." "나는 결코 전과 같지 않을 거야." 일단 언약에 대해 공부하게 되면 여러분도 달라질 것입니다.

    1800년대 후반기의 사람들에게 심오하게 설교했던 하나님의 사람 앤드류 머레이는 이렇게 썼습니다.

하나님을 알되 자신과 언약을 맺은 하나님으로 아는 자는 참으로 복되다. 언약이 그에게 약속한 것을 아는 자 즉 모든 언약의 조건들이 그에게 성취됨으로 말미암아 그 언약이 보증하는 확고한 미래상을 아는 자는 복되다. 그는 언약을 통하여 놀랍게 언약을 지키시는 하나님을 알고 그 하나님께 언약의 성취를 요구할 자격을 갖는다. 언약에 대해 깊이 묵상해 보지 않았던 사람들이, 언약을 진실하고 확실하게 믿는다면 자기의 삶 전체가 변화하는 것을 경험할 것이다. 하나님께서 그에게 행하고자 하는 바에 대한 온전한 지식, 언약이 전능한 힘에 의해 성취된다는 확신, 개인적으로 하나님께 굴복하고 하나님을 의지함으로써 하나님께 가까이 나아가는 것과 언약의 성취에 대한 대망 등 이 모든 것으로 인하여 언약은 곧 천국에 이르는 문이 될 것이다. 성령이시여! 우리에게 언약의 영광스러운 비젼을 보여 주소서.[1]

"언약"이라는 단어는 성경에서 약 298번 사용되었습니다. 구약에서는 이 단어가 "beriyth"이고 bereeth(베리트)라고 발음됩니다. 그것은 "서약, 계약, 쪼개놓은 짐승의 조각 사이를 통과함으로써 만들어진 맹약, 동맹, 연맹"을 의미합니다.

신약에서 "언약"이라는 단어는 "diatheke"입니다. 그것은 "약정, 계약, 성약, 또는 서약"을 의미합니다.

---

[1] Andrew Murray, *The Two Covenants*, (Old Tappan, New Jersey: Spire Books, Fleming H. Reveil Co.), p.2. (한글판 역서 ; 이성강 역, 계약 신앙, 서울:기독교문서선교회, 1984).

금주 연구의 목표는 성경, 특히 시작의 책인 창세기에서 다루어진 여러 가지 언약에 관한 참고 구절을 익히는 것입니다.

다음 주에는 전능하신 하나님과 언약을 맺고 있다는 것이 무엇을 의미하는가를 앎으로써 점점 언약의 내용이 분명해지고 흥미진진해 질 것입니다. 그러므로 참고 견디십시오. 견고한 기초를 쌓으면 수월하게 해나갈 수 있는 부분이 나올 것입니다.

## 제 1 일

Palmer Robertson은 성경상의 언약을 "주권적으로 사역되는 피로 맺은 약정"(bond in blood sovereignly administered)이라고 정의하였습니다.[2] '언약'(covenant)이라는 용어는 최초로 창세기 6장에 등장하지만 실제로 하나님께서 인간을 향해 맺으신 약정은 태초의 인간 창조시로 소급해서 나타납니다. 하나님께서는 인간을 창조하신 후, 일반적인 면에서 안식일(창 2:3), 결혼(창 2:22-25), 노동(창 1:27-28, 2:15) 등 창조의 언약을 주셨습니다. 즉 하나님께서 6일간 천지를 창조하시고 인간을 창조하신 뒤 일곱째 날을 복되게 하신다는 언약을 하셨고 결혼 제도를 친히 창설하셨으며 세상을 다스리고 에덴 동산을 관리하는 노동의 책임을 부여하셨던 것입니다. 하나님께서는 이러한 창조 계약의 일반적 규례에 부가하여 하나님의 형상으로 지음 받은 인간으로 하여금 선악과를 먹지 말라(창 2:17)는 금지 명령을 하심으로써 특수한 규례로서의 창조 언약을 수립하셨습니다.

---

2) O. Palmer Robertson, The Christ of the Covenants, p.12.(한글판 역서: 김의원 역, 계약 신학과 그리스도, 서울: 기독교문서선교회, 1983).

### 창세기 2:15-17

¹⁵여호와 하나님이 그 사람을 이끌어 에덴 동산에 두사 그것을 다스리며 지키게 하시고 ¹⁶여호와 하나님이 그 사람에게 명하여 가라사대 동산 각종 나무의 실과는 네가 임의로 먹되 ¹⁷선악을 알게 하는 나무의 실과는 먹지 말라 네가 먹는 날에는 정녕 죽으리라 하시니라

1. 하나님께서 허용한 범위와 금지한 범위에는 어떠한 차이가 있습니까?

2. 언약의 당사자는 누구이며 당사자의 성격상 이 언약은 쌍무 계약이라고 말할 수 있습니까? 이 언약을 이행해야 될 책임이 하나님과 아담 중 누구에게 있습니까?

3. 하나님께서는 아담이 언약을 파기할 때 어떠한 결과가 초래될 것이라고 말씀하십니까?

  삶과 죽음의 선택을 상징하는 피(blood)를 고려할 때, 본문의 언약과 로벗슨의 언약에 관한 정의가 어떠한 관계를 갖고 있습니까?

  인간이 창조의 언약을 파기하자 하나님께서는 곧바로 구속의 언약을 수립하셨습니다.

창세기 3:15
내가 너로 여자와 원수가 되게 하고 너의 후손도 여자의 후손과 원수가 되게 하리니 여자의 후손은 네 머리를 상하게 할 것이요 너는 그의 발꿈치를 상하게 할 것이니라

이 말씀은 원시적 형태로 나타난 메시야 언약입니다. 이 말씀의 배경을 살펴보기 위해 창세기 3장을 주의 깊게 읽어보기 바랍니다.

1. 하나님께서는 창세기 3장을 통해서 ①사탄의 사역 방법 ②죄에 미혹되는 첫 단계 ③죄의 결과 등에 대해 무엇을 가르쳐주시고 있습니까?




2. 아담과 하와가 유혹으로부터 승리하기 위해서는 어떤 적극적 행동 원리를 보유하여야 합니까?




3. 3:15에서 하나님이 인간에게 주신 축복은 무엇입니까? 한편 뱀에게 내린 하나님의 저주가 어떻게 인간에게 구원의 소망이 됩니까?

## 제 2 일

성경에서 "언약"이라는 단어가 처음으로 언급된 곳을 살펴봅시다.

1. 언약이 창세기 6:18에서 처음 나타나므로, 창세기 6장 전체를 읽을 필요가 있습니다. 이 부분을 읽으면 언약이 처음 언급된 구절의 문맥을 이해할 수 있을 것입니다.

   창세기 6:1-22

   ¹사람이 땅 위에 번성하기 시작할 때에 그들에게서 딸들이 나니 ²하나님의 아들들이 사람의 딸들의 아름다움을 보고 자기들의 좋아하는 모든 자로 아내를 삼는지라 ³여호와께서 가라사대 나의 신이 영원히 사람과 함께 하지 아니하리니 이는 그들이 육체가 됨이라 그러나 그들의 날은 일백이십 년이 되리라 하시니라 ⁴당시에 땅에 네피림이 있었고 그 후에도 하나님의 아들들이 사람의 딸들을 취하여 자식을 낳았으니 그들이 용사라 고대에 유명한 사람이었더라 ⁵여호와께서 사람의 죄악이 세상에 관영함과 그 마음의 생각의 모든 계획이 항상 악할 뿐임을 보시고 ⁶땅 위에 사람 지으셨음을 한탄하사 마음에 근심하시고 ⁷가라사대 나의 창조한 사람을 내가 지면에서 쓸어 버리되 사람으로부터 육축과 기는 것과 공중의 새까지 그리하리니 이는 내가 그것을 지었음을 한탄함이니라 하시니라 ⁸그러나 노아는 여호와께 은혜를 입었더라 ⁹노아의 사적은 이러하니라 노아는 의인이요 당세에 완전한 자라 그가 하나님과 동행하였으며 ¹⁰그가 세 아들을 낳았으니 셈과 함과 야벳이라 ¹¹때에 온 땅이 하나님 앞에 패괴하여 강포가 땅에 충만한지라 ¹²하나님이 보신즉 땅이 패괴하였으니 이는 땅에서 모든 혈육 있는 자의 행위가 패괴함이었더라 ¹³하나님이 노아에게 이르시되 모든 혈육 있는 자의 강포가 땅에 가득하므로 그 끝날이 내 앞에 이르렀으니 내가 그들을 땅과 함께 멸하리라 ¹⁴너는 잣나무로 너를 위하여 방주를 짓되 그 안에 간들을 막고 역청으로 그

안팎에 칠하라 ¹⁵그 방주의 제도는 이러하니 장이 삼백 규빗, 광이 오십 규빗, 고가 삼십 규빗이며 ¹⁶거기 창을 내되 위에서부터 한 규빗에 내고 그 문은 옆으로 내고 상 중 하 삼층으로 할지니라 ¹⁷내가 홍수를 땅에 일으켜 무릇 생명의 기식 있는 육체를 천하에서 멸절하리니 땅에 있는 자가 다 죽으리라 ¹⁸그러나 너와는 내가 내 언약을 세우리니 너는 네 아들들과 네 아내와 네 자부들과 함께 그 방주로 들어가고 ¹⁹혈육 있는 모든 생물을 너는 각기 암수 한 쌍씩 방주로 이끌어들여 너와 함께 생명을 보존케 하되 ²⁰새가 그 종류대로, 육축이 그 종류대로, 땅에 기는 모든 것이 그 종류대로, 각기 둘씩 네게로 나아오리니 그 생명을 보존케 하라 ²¹너는 먹을 모든 식물을 네게로 가져다가 저축하라 이것이 너와 그들의 식물이 되리라 ²²노아가 그와 같이 하되 하나님이 자기에게 명하신 대로 다 준행하였더라

a. 누가 누구와 언약을 세웠습니까?

b. 이 언약을 세우게 된 이유가 본문 가운데 제시되어 있습니까?

c. 문맥을 고려할 때, 이 언약을 세운 이유가 무엇이라고 생각합니까?

2. 창세기 9장에서 언약이 두번째로 언급됩니다. 9장을 읽기 전에 먼저 창세기 8장을 읽고 이 장에서 다루어진 주요 사건들을 기록하십시오.

3. 이제 창세기 9장을 읽고 다음 질문에 답하십시오.

   a. 하나님께서는 누구와 언약을 세우셨습니까?

   b. 이 언약에서 무슨 조건 혹은 약속이 세워졌습니까?

   c. 이 언약은 얼마나 오랫동안 존속되어야 했습니까?

   d. 언약의 증거로 무엇이 주어졌습니까? ("언약의 증거"라는 말이 몇 번이나 사용되었는지 살펴보십시오.)

   e. 창세기 6장에 언급된 언약은 창세기 9장에서 언급된 언약과 관련이 있습니까?

4. 다음으로 창세기 15:18에서 언약이 언급됩니다. 구체적인 내용은 차차 깊이있게 연구해 나갈 것입니다. 그러나 지금의 목표는 단순히 하나님의 말씀에서 언약이 사용된 방식에 익숙해지는 것입니다. 창세기 15장을 읽고 다음 질문에 답하십시오.

   창세기 15:1-21

   [1]이 후에 여호와의 말씀이 이상 중에 아브람에게 임하여 가라사대 아브람아 두려워 말라 나는 너의 방패요 너의 지극히 큰 상급

이니라 ²아브람이 가로되 주 여호와여 무엇을 내게 주시려나이까 나는 무자하오니 나의 상속자는 이 다메섹 엘리에셀이니이다 ³아브람이 또 가로되 주께서 내게 씨를 아니주셨으니 내 집에서 길리운 자가 나의 후사가 될 것이니이다 ⁴여호와의 말씀이 그에게 임하여 가라사대 그 사람은 너의 후사가 아니라 네 몸에서 날 자가 네 후사가 되리라 하시고 ⁵그를 이끌고 밖으로 나가 가라사대 하늘을 우러러 뭇 별을 셀 수 있나 보라 또 그에게 이르시되 네 자손이 이와 같으리라 ⁶아브람이 여호와를 믿으니 여호와께서 이를 그의 의로 여기시고 ⁷또 그에게 이르시되 나는 이 땅을 네게 주어 업을 삼게 하려고 너를 갈대아 우르에서 이끌어 낸 여호와로라 ⁸그가 가로되 주 여호와여 내가 이 땅으로 업을 삼을 줄을 무엇으로 알리이까 ⁹여호와께서 그에게 이르시되 나를 위하여 삼 년 된 암소와 삼 년 된 암염소와 삼 년 된 숫양과 산비둘기와 집비둘기 새끼를 취할지니라 ¹⁰아브람이 그 모든 것을 취하여 그 중간을 쪼개고 그 쪼갠 것을 마주 대하여 놓고 그 새는 쪼개지 아니하였으며 ¹¹솔개가 그 사체 위에 내릴 때에는 아브람이 쫓았더라 ¹²해질 때에 아브람이 깊이 잠든 중에 캄캄함이 임하므로 심히 두려워하더니 ¹³여호와께서 아브람에게 이르시되 너는 정녕히 알라 네 자손이 이방에서 객이 되어 그들을 섬기겠고 그들은 사백 년 동안 네 자손을 괴롭게 하리니 ¹⁴그 섬기는 나라를 내가 징치할지며 그 후에 네 자손이 큰 재물을 이끌고 나오리라 ¹⁵너는 장수하다가 평안히 조상에게로 돌아가 장사될 것이요 ¹⁶네 자손은 사 대만에 이 땅으로 돌아오리니 이는 아모리 족속의 죄악이 아직 관영치 아니함이니라 하시더니 ¹⁷해가 져서 어둘 때에 연기 나는 풀무가 보이며 타는 횃불이 쪼갠 고기 사이로 지나더라 ¹⁸그 날에 여호와께서 아브람으로 더불어 언약을 세워 가라사대 내가 이 땅을 애굽 강에서부터 그 큰 강 유브라데까지 네 자손에게 주노니 ¹⁹곧 겐 족속과 그니스 족속과 갓몬 족속과 ²⁰헷 족속과 브리스 족속과 르바 족속과 ²¹아모리 족속과 가나안 족속과 기르가스 족속과 여부스 족속의 땅이니라 하셨더라

a. 누가 누구와 언약을 세웠습니까?

b. 이 언약은 어떻게 세워졌습니까? 어떤 일이 누구에 의하여 행해졌는지를 기록하십시오.

c. 성구 사전에서 창세기 15:18에 있는 "세워"(made)를 찾아보십시오.

d. 이 언약에서 약속된 바는 무엇입니까? 아무 것도 놓치지 않도록 15장을 주의 깊게 읽고 대답하십시오.

e. 언약의 정의는 창세기 15장에서 일어난 일과 어떻게 비교됩니까?

## 제 3 일

이 책의 부록에 창세기 17장 관찰작업표가 있습니다.(238면) 관찰작업표는 성경 말씀을 여백을 충분히 주어 인쇄해 놓은 것입니다. 이 관찰작업표를 사용하여 다음 과제를 하십시오.

1. "언약"이라는 말을 발견할 때마다 특정한 색깔로, 혹은 독특한 기호로 표시하십시오. 예를 들면, 언약 혹은 언약

2. "후손"이라는 말을 표시하십시오. 위에서 "언약"을 표시한 방법대로 하되 "언약"과는 다른 색깔이나 다른 기호를 사용하십시오.

3. 다음 단어들도 표시하십시오.
   a. 표징
   b. 영원한
   c. 할례

4. 관찰작업표의 오른쪽 여백에 다음 단어들에 대하여 배운 모든 것을 기록하십시오. 이 일을 하기 위하여 관찰작업표에서 각각의 단어가 사용된 경우를 자세히 살펴보십시오. 그리고 나서 그 단어의 사용에서 배운 것을 기록하십시오.

   a. 언약


   b. 할례


   c. 후손

5. 할례받지 않은 사람에게는 어떤 일이 일어납니까?


6. 하나님께서는 아브람과 사래의 이름을 어떻게 바꾸셨습니까? 그 이유와 각 이름의 의미를 써보십시오.




　지금쯤 여러분은 "내가 도대체 무엇을 하고 있는 것인가? 이 모든 것들이 어떻게 맞춰지는 것일까? 무엇을 향해 나가는 것일까?" 하며 의아해 할 것입니다. 이해합니다. 모두 다 좋은 질문들이지만 그 답변은 후에 해드리겠습니다. 그 때 한 줄기 빛이 비칠 것이며 여러분은 흥분할 것입니다!
　포기하지 마십시오! 이 연구가 가능한한 귀납적이 되게 하기 위해서는 우선 본문을 잘 알아야 합니다. 금주에는 단순히, 시작의 책인 창세기와 다른 여러 성경 구절에서 언약이 사용된 방법을 관찰할 것입니다.
　이 작은 격려의 말이 여러분에게 도움이 되기를 바랍니다. 저는 여러분이 근면한 것에 대하여 또한 성장하고 자라고자 하는 열망으로 차 있음에 대하여 감사하며 하나님께서 여러분을 풍성히 축복해주시기를 기도합니다.

## 제 4 일

1. 창세기 21:22-34은 또 다른 언약에 관하여 말합니다. 이 구절을 읽고 다음 질문에 답하십시오.

   창세기 21:22-34

   ²²때에 아비멜렉과 그 군대장관 비골이 아브라함에게 말하여 가로되 네가 무슨 일을 하든지 하나님이 너와 함께 계시도다 ²³그런즉 너는 나와 내 아들과 내 손자에게 거짓되이 행치 않기를 이제 여기서 하나님을 가리켜 내게 맹세하라 내가 네게 후대한 대로 너도 나와 너의 머무는 이 땅에 행할 것이니라 ²⁴아브라함이 가로되 내가 맹세하리라 하고 ²⁵아비멜렉의 종들이 아브라함의 우물을 늑탈한 일에 대하여 아브라함이 아비멜렉을 책망하매 ²⁶아비멜렉이 가로되 누가 그리하였는지 내가 알지 못하노라 너도 내게 고하지 아니하였고 나도 듣지 못하였더니 오늘이야 들었노라 ²⁷아브라함이 양과 소를 취하여 아비멜렉에게 주고 두 사람이 서로 언약을 세우니라 ²⁸아브라함이 일곱 암양 새끼를 따로 놓으니 ²⁹아비멜렉이 아브라함에게 이르되 이 일곱 암양 새끼를 따로 놓음은 어찜이뇨 ³⁰아브라함이 가로되 너는 내 손에서 이 암양 새끼 일곱을 받아 내가 이 우물 판 증거를 삼으라 하고 ³¹두 사람이 거기서 서로 맹세하였으므로 그 곳을 브엘세바라 이름하였더라 ³²그들이 브엘세바에서 언약을 세우매 아비멜렉과 그 군대장관 비골은 떠나 블레셋 족속의 땅으로 돌아갔으며 ³³아브라함은 브엘세바에 에셀나무를 심고 거기서 영생하시는 하나님 여호와의 이름을 불렀으며 ³⁴그가 블레셋 족속의 땅에서 여러 날을 지내었더라

   a. 누가 이 언약에 관여했습니까?

   b. 무엇 때문에 이 언약이 생기게 되었다고 생각합니까?

c. 이 언약의 요구 조건은 무엇이었습니까?

   d. 아브라함은 아비멜렉에게 무엇을 주었습니까? 그 이유는 무엇입니까?

이제는 아브라함을 지나 그의 아들 이삭의 생애 가운데서 언약이 어떤 몫을 차지했는지 살펴보겠습니다.

2. 창세기 26:23-25을 읽으십시오. 브엘세바는 "맹세의 우물"이란 뜻입니다.

   창세기 26:23-25

   23이삭이 거기서부터 브엘세바로 올라갔더니 24그 밤에 여호와께서 그에게 나타나 가라사대 나는 네 아비 아브라함의 하나님이니 두려워 말라 내 종 아브라함을 위하여 내가 너와 함께 있어 네게 복을 주어 네 자손으로 번성케 하리라 하신지라 25이삭이 그 곳에 단을 쌓아 여호와의 이름을 부르고 거기 장막을 쳤더니 그 종들이 거기서도 우물을 팠더라

   a. 브엘세바에서 이삭에게 무슨 일이 일어났습니까?

   b. 이것을 창세기 17:19, 21과 비교해보십시오. 창세기 26:24을 볼 때 하나님이 하신 일은 무엇입니까?

3. 창세기 26:26-31을 읽고 다음 질문에 답하십시오.

> 창세기 26:26-31
>
> ²⁶아비멜렉이 그 친구 아훗삿과 군대장관 비골로 더불어 그랄에서부터 이삭에게로 온지라 ²⁷이삭이 그들에게 이르되 너희가 나를 미워하여 나로 너희를 떠나가게 하였거늘 어찌하여 내게 왔느냐 ²⁸그들이 가로되 여호와께서 너와 함께 계심을 우리가 분명히 보았으므로 우리의 사이 곧 우리와 너의 사이에 맹세를 세워 너와 계약을 맺으리라 말하였노라 ²⁹너는 우리를 해하지 말라 이는 우리가 너를 범하지 아니하고 선한 일만 네게 행하며 너로 평안히 가게 하였음이니라 이제 너는 여호와께 복을 받은 자니라 ³⁰이삭이 그들을 위하여 잔치를 베풀매 그들이 먹고 마시고 ³¹아침에 일찌기 일어나 서로 맹세한 후에 이삭이 그들을 보내매 그들이 평안히 갔더라

a. 누가 누구와 그리고 왜 계약을 맺었습니까?

b. 그들이 언약을 세울 때 무엇을 했습니까?

4. 이제 여러분은 하나님께서 세우신 언약은 또한 그 후손(씨)과도 세우셨다는 것을 알게 되었습니다. 여러분은 창세기 26:23-25에서 아브라함의 아들 이삭에게 굳게 약속된 언약을 살펴보았습니다. 창세기 28:10-22을 읽으십시오. 여러분은 하나님께서 같은 언약을 이삭의 아들인 야곱에게 확증하시는 것을 볼 수 있습니다. 창세기 28:10-22을 읽고 그것을 창세기 26:23-25과 비교해 보

십시오. 하나님께서 아브라함과 이삭에게 하신 약속의 유사점을 기록하십시오.

### 창세기 28:10-22

10 야곱이 브엘세바에서 떠나 하란으로 향하여 가더니 11 한 곳에 이르러는 해가 진지라 거기서 유숙하려고 그 곳의 한 돌을 취하여 베개하고 거기 누워 자더니 12 꿈에 본즉 사닥다리가 땅 위에 섰는데 그 꼭대기가 하늘에 닿았고 또 본즉 하나님의 사자가 그 위에서 오르락 내리락하고 13 또 본즉 여호와께서 그 위에 서서 가라사대 나는 여호와니 너의 조부 아브라함의 하나님이요 이삭의 하나님이라 너 누운 땅을 내가 너와 네 자손에게 주리니 14 네 자손이 땅의 티끌같이 되어서 동서 남북에 편만할지며 땅의 모든 족속이 너와 네 자손을 인하여 복을 얻으리라 15 내가 너와 함께 있어 네가 어디로 가든지 너를 지키며 너를 이끌어 이 땅으로 돌아오게 할지라 내가 네게 허락한 것을 다 이루기까지 너를 떠나지 아니하리라 하신지라 16 야곱이 잠이 깨어 가로되 여호와께서 과연 여기 계시거늘 내가 알지 못하였도다 17 이에 두려워하여 가로되 두렵도다 이 곳이여 다른 것이 아니라 이는 하나님의 전이요 이는 하늘의 문이로다 하고 18 야곱이 아침에 일찌기 일어나 베개하였던 돌을 가져 기둥으로 세우고 그 위에 기름을 붓고 19 그 곳 이름을 벧엘이라 하였더라 이 성의 본 이름은 루스더라 20 야곱이 서원하여 가로되 하나님이 나와 함께 계시사 내가 가는 이 길에서 나를 지키시고 먹을 양식과 입을 옷을 주사 21 나로 평안히 아비 집으로 돌아가게 하시오면 여호와께서 나의 하나님이 되실 것이요 22 내가 기둥으로 세운 이 돌이 하나님의 전이 될 것이요 하나님께서 내게 주신 모든 것에서 십분 일을 내가 반드시 하나님께 드리겠나이다 하였더라

5. 창세기에서는 "언약"이라는 단어가 창세기 31:44에서 마지막으로 사용됩니다. 언약은 야곱(이삭의 아들)과 라반(야곱의 외삼촌) 사이에 세워졌습니다. 창세기 31:44-55을 읽고 다음 질문에 답하십시오.

> 창세기 31:44-55
>
> 44이제 오라 너와 내가 언약을 세워 그것으로 너와 나 사이에 증거를 삼을 것이니라 45이에 야곱이 돌을 가져 기둥으로 세우고 46또 그 형제들에게 돌을 모으라 하니 그들이 돌을 취하여 무더기를 이루매 무리가 거기 무더기 곁에서 먹고 47라반은 그것을 여갈사하두다라 칭하였고 야곱은 그것을 갈르엣이라 칭하였으니 48라반의 말에 오늘날 이 무더기가 너와 나 사이에 증거가 된다 하였으므로 그 이름을 갈르엣이라 칭하였으며 49또 미스바라 하였으니 이는 그의 말에 우리 피차 떠나 있을 때에 여호와께서 너와 나 사이에 감찰하옵소서 함이라 50네가 내 딸을 박대하거나 내 딸들 외에 다른 아내들을 취하면 사람은 우리와 함께할 자가 없어도 보라 하나님이 너와 나 사이에 증거하시느니라 하였더라 51라반이 또 야곱에게 이르되 내가 너와 나 사이에 둔 이 무더기를 보라 또 이 기둥을 보라 52이 무더기가 증거가 되고 이 기둥이 증거가 되나니 내가 이 무더기를 넘어 네게로 가서 해하지 않을 것이요 네가 이 무더기, 이 기둥을 넘어 내게로 와서 해하지 않을 것이라 53아브라함의 하나님, 나홀의 하나님, 그들의 조상의 하나님은 우리 사이에 판단하옵소서 하매 야곱이 그 아비 이삭의 경외하는 이를 가리켜 맹세하고 54야곱이 또 산에서 제사를 드리고 형제들을 불러 떡을 먹이니 그들이 떡을 먹고 산에서 경야하고 55라반이 아침에 일찌기 일어나 손자들과 딸들에게 입맞추며 그들에게 축복하고 떠나 고향으로 돌아갔더라

a. 이 언약을 세울 때 무엇을 행했습니까? 다음의 구절들에 나타난 것을 쓰십시오. 각 행위의 의미를 잘 이해하지 못하더라도

염려하지 마십시오. 그것은 후에 언약의 관습을 연구하면서 알게 될 것입니다.

1) 창세기 31:45-48

2) 창세기 31:53

3) 창세기 31:54

b. 창세기 31:49을 읽으십시오. 이 구절은 일반적인 언약 용어 "미스바"의 의미를 알려줍니다. 그 의미를 쓰십시오.

창세기 31:49

⁴⁹또 미스바라 하였으니 이는 그의 말에 우리 피차 떠나 있을 때에 여호와께서 너와 나 사이에 감찰하옵소서 함이라

c. 돌기둥이나 돌무더기의 목적은 무엇이었습니까?

## 제 5 일

오늘은 제1과의 마지막 날입니다. 금주에는 단순히 사람과 사람 사이 그리고 하나님과 사람 사이에 세워진 여러 가지 언약을 살펴보았음을 기억하십시오. 흥미있는 부분이 곧 올 것입니다. 다음 주부터는 연구가 금주 만큼 힘겹지는 않을 것입니다.

오늘은 성경에서 언약이 나타난 다른 여러 가지 경우를 연구하고자 합니다.

1. 출애굽기 24:1-11과 34:27-28에서 하나님이 이스라엘 국가와 율법의 언약을 세우시는 것을 볼 수 있습니다. 그 당시 이스라엘은 모세의 지도 아래 있었습니다. 그러므로 하나님께서는 모세를 통하여 율법을 세우셨습니다.

   우리는 율법 혹은 옛 언약(구약)을 후에 더 깊이 연구할 것입니다. 오늘은 단순히 출애굽기 24:1-11과 34:27-28을 읽고 다음 질문에 답하십시오.

   출애굽기 24:1-11

   ¹또 모세에게 이르시되 너는 아론과 나답과 아비후와 이스라엘 장로 칠십 인과 함께 여호와에게로 올라와 멀리서 경배하고 ²너 모세만 여호와에게 가까이 나아오고 그들은 가까이 나아오지 말

며 백성은 너와 함께 올라오지 말지니라 ³모세가 와서 여호와의 모든 말씀과 그 모든 율례를 백성에게 고하매 그들이 한 소리로 응답하여 가로되 여호와의 명하신 모든 말씀을 우리가 준행하리이다 ⁴모세가 여호와의 모든 말씀을 기록하고 이른 아침에 일어나 산 아래 단을 쌓고 이스라엘 십이 지파대로 열두 기둥을 세우고 ⁵이스라엘 자손의 청년들을 보내어 번제와 소로 화목제를 여호와께 드리게 하고 ⁶모세가 피를 취하여 반은 여러 양푼에 담고 반은 단에 뿌리고 ⁷언약서를 가져 백성에게 낭독하여 들리매 그들이 가로되 여호와의 모든 말씀을 우리가 준행하리이다 ⁸모세가 그 피를 취하여 백성에게 뿌려 가로되 이는 여호와께서 이 모든 말씀에 대하여 너희와 세우신 언약의 피니라 ⁹모세와 아론과 나답과 아비후와 이스라엘 장로 칠십 인이 올라가서 ¹⁰이스라엘 하나님을 보니 그 발 아래에는 청옥을 편 듯하고 하늘같이 청명하더라 ¹¹하나님이 이스라엘의 존귀한 자들에게 손을 대지 아니하셨고 그들은 하나님을 보고 먹고 마셨더라

출애굽기 34:27-28

²⁷여호와께서 모세에게 이르시되 너는 이 말들을 기록하라 내가 이 말들의 뜻대로 너와 이스라엘과 언약을 세웠음이니라 하시니라 ²⁸모세가 여호와와 함께 사십 일 사십 야를 거기 있으면서 떡도 먹지 아니하였고 물도 마시지 아니하였으며 여호와께서는 언약의 말씀 곧 십계를 그 판들에 기록하셨더라

a. 모세는 무엇을 세웠습니까?

b. 모세는 제물로 바쳐진 동물의 피로 무엇을 행하였습니까?

c. 출애굽기 24:7-8에서 언약은 어떻게 다시 수립되었습니까? 다른 말로 하면, 그것은 언약의 _____ 라고 불려집니다.

d. 11절에서, 이스라엘의 자손들은 하나님을 본 후에 무엇을 하였습니까?(이것은 우리가 후에 언약의 관습을 탐구해 나갈 때 중대한 의미를 지닙니다.)

2. 우리는 지금까지 옛 언약(율법)의 제정을 살펴보았는데, 이제는 새 언약(은혜의 언약)이 세워지는 것을 탐구하고자 합니다.

   a. 예수님은 그의 제자들과 함께 다락방에 계십니다. 그 분은 배반을 당하고 십자가에 못박힐 처지에 있습니다. 마태복음 26:20-29을 읽으십시오.

   마태복음 26:20-29

   20저물 때에 예수께서 열두 제자와 함께 앉으셨더니 21저희가 먹을 때에 이르시되 내가 진실로 너희에게 이르노니 너희 중에 한 사람이 나를 팔리라 하시니 22저희가 심히 근심하여 각각 여짜오되 주여 내니이까 23대답하여 가라사대 나와 함께 그릇에 손을 넣는 그가 나를 팔리라 24인자는 자기에게 대하여 기록된 대로 가거니와 인자를 파는 그 사람에게는 화가 있으리로다 그 사람은 차라리 나지 아니하였더면 제게 좋을 뻔하였느니라 25예수를 파는 유다가 대답하여 가로되 랍비여 내니이까 대답하시되 네가 말하였도다 하시니라 26저희가 먹을 때에 예수께서 떡을 가지사 축복하시고 떼어 제자들을 주시며 가라사대 받아 먹으라 이것이 내 몸이니라 하시고 27또 잔을 가지사 사례하시고 저희에게 주시며 가라사대 너희가 다 이것을 마시라 28이것은 죄 사함을 얻게 하려고 많은 사람을 위하여 흘리는 바 나의 피 곧 언약의 피니라 29그러나 너희에게 이르노니 내가 포도나무에서 난 것을 이제부터 내 아버지의 나라에서 새 것으로 너희와 함께 마시는 날까지 마시지 아니하리라 하시니라

b. 제자들은 떡과 잔을 어떻게 해야 합니까?

c. 떡과 잔은 무엇을 상징하는 것입니까?

3. 마태복음 26장의 내용은 누가복음 22:17-20에도 있습니다. 이 구절들을 읽어보십시오. 누가복음 22:20에 의하면 이 언약이 어떤 종류의 것인지 기술하십시오.

> 누가복음 22:17-20
>
> ¹⁷이에 잔을 받으사 사례하시고 가라사대 이것을 갖다가 너희끼리 나누라 ¹⁸내가 너희에게 이르노니 내가 이제부터 하나님의 나라가 임할 때까지 포도나무에서 난 것을 다시 마시지 아니하리라 하시고 ¹⁹또 떡을 가져 사례하시고 떼어 저희에게 주시며 가라사대 이것은 너희를 위하여 주는 내 몸이라 너희가 이를 행하여 나를 기념하라 하시고 ²⁰저녁 먹은 후에 잔도 이와 같이 하여 가라사대 이 잔은 내 피로 세우는 새 언약이니 곧 너희를 위하여 붓는 것이라

4. 이사야 42:5-9은 메시야(그리스도)이신 예수님에 관한 예언입니다. 메시야는 그리스도에 대한 구약 단어인데, 이는 "약속된 자"를 의미합니다. "언약"이란 단어를 찾으면서 이 구절을 읽으십시오.

여러분은 이사야 42:6로부터 무엇을 배웠습니까? (이사야 49:5-9을 참고하십시오.)

이사야 42:5-9

⁵하늘을 창조하여 펴시고 땅과 그 소산을 베푸시며 땅 위의 백성에게 호흡을 주시며 땅에 행하는 자에게 신을 주시는 하나님 여호와께서 이같이 말씀하시되 ⁶나 여호와가 의로 너를 불렀은즉 내가 네 손을 잡아 너를 보호하며 너를 세워 백성의 언약과 이방의 빛이 되게 하리니 ⁷네가 소경의 눈을 밝히며 갇힌 자를 옥에서 이끌어 내며 흑암에 처한 자를 간에서 나오게 하리라 ⁸나는 여호와니 이는 내 이름이라 나는 내 영광을 다른 자에게, 내 찬송을 우상에게 주지 아니하리라 ⁹보라 전에 예언한 일이 이미 이루었느니라 이제 내가 새 일을 고하노라 그 일이 시작되기 전이라도 너희에게 이르노라

이사야 49:5-9

⁵나는 여호와의 보시기에 존귀한 자라 나의 하나님이 나의 힘이 되셨도다 다시 야곱을 자기에게로 돌아오게 하시며 이스라엘을 자기에게로 모이게 하시려고 나를 태에서 나옴으로부터 자기 종을 삼으신 여호와께서 말씀하시니라 ⁶그가 가라사대 네가 나의 종이 되어 야곱의 지파들을 일으키며 이스라엘 중에 보전된 자를 돌아오게 할 것은 오히려 경한 일이라 내가 또 너로 이방의 빛을 삼아 나의 구원을 베풀어서 땅 끝까지 이르게 하리라 ⁷이스라엘의 구속자, 이스라엘의 거룩한 자이신 여호와께서 사람에게 멸시를 당하는 자, 백성에게 미움을 받는 자, 관원들에게 종이 된 자에게 이같이 이르시되 너를 보고 열왕이 일어서며 방백들이 경배하리니 이는 너를 택한 바 신실한 나 여호와 이스라엘의 거룩한 자를 인함이니라 ⁸여호와께서 또 가라사대 은혜의 때에 내가 네게 응답하였고 구원의 날에 내가 너를 도왔도다 내가 장차 너를 보호하여 너로 백성의 언약을 삼으며 나라를 일으켜 그들로 그 황무하였던 땅을 기업으로 상속케 하리라 ⁹내가 잡혀 있는 자에

게 이르기를 나오라 하며 흑암에 있는 자에게 나타나라 하리라 그들이 길에서 먹겠고 모든 자산에도 그들의 풀밭이 있을 것인즉

5. 말라기 3:1-2을 읽으십시오. 이는 예수 그리스도와 세례 요한에 관한 예언입니다. 이 구절에서 예수님은 어떻게 언급되고 있습니까? 각기 다른 언약들이 어떻게 유사한 요소를 지니고 있는지 아는 것은 매우 중요합니다.

> 말라기 3:1-2
>
> ¹만군의 여호와가 이르노라 보라 내가 내 사자를 보내리니 그가 내 앞에서 길을 예비할 것이요 또 너희의 구하는 바 주가 홀연히 그 전에 임하리니 곧 너희의 사모하는 바 언약의 사자가 임할 것이라 ²그의 임하는 날을 누가 능히 당하며 그의 나타나는 때에 누가 능히 서리요 그는 금을 연단하는 자의 불과 표백하는 자의 잿물과 같을 것이라

6. 각 언약이 지니는 공통적 요소의 목록을 작성하십시오.

하나님께서 언약을 지키는 자들에게 주시는 축복된 약속의 말씀을 살펴보면서 금주의 연구를 마치십시오.

여호와의 모든 길은 그 언약과 증거를 지키는 자에게
인자와 진리로다
여호와의 친밀함이 경외하는 자에게 있음이여
그 언약을 저희에게 보이시리로다
(시편 25:10, 14)

*Note*

*Note*

# 제 2 과

    우리는 현시대에 이르러서 언약에 대한 가르침이 다시 제기되고 있는 현상을 봅니다. 하나님의 사람들이 새 언약(신약)을 통하여 자신이 소유하게 된 모든 약속들을 알게 되었을 때 그것이 얼마나 큰 깨달음을 가져다 주었는지요! 제가 처음으로 언약에 관한 가르침을 듣게 된 것은 오래 전의 일이었습니다. 그것은 요나단이 다윗과 맺은 언약에 관한 것이었습니다. 그것은 너무나 흥미로운 것이어서 저는 "아버지여, 저도 그것을 가르치고 싶습니다. 그러나 제가 가르치고자 하는 것이 사실임을 확신하기 전까지는 가르칠 수 없음을 주님이 잘 아십니다."라고 생각했습니다.

    우리 하나님은 얼마나 미쁘신지요! 더 많은 통찰력을 달라고 주께 간구했을 때 하나님께서는 두 권의 책을 제게 주심으로 그 간구에 응답하셨습니다. 그것은 클레이 트럼블(Clay Trumbull)의 「보혈의 언약」(The Blood Covenant)[1]과 앤드류 머레이(Andrew Murray)의

---

[1] E. Clay Trumbull, *The Blood Covenant* (Kirkwood, Missouri: Impact Books, Inc, 1975).

「계약 신앙」(The Two Covenants)[2]입니다. 이 두 권의 책을 발판으로 삼고 성령님을 교사로 삼아 하나님께서는 제게 언약에 관한 일련의 연구를 하게 하셨습니다. 그 중 상당 부분은 저의 책, 「어떻게 살 것인가? 케이 아더와 함께 하는 믿음의 여정」(How Can I Live? A Devotional Journey With Kay Arthur)[3]에 포함되어 있습니다.

클레이 트럼블의 책에서 언약의 관습을 연구할 때, 성령께서는 계속해서 제 마음 속에 신약에 나타난 유사한 내용들을 떠오르게 하셨습니다. 성령께서는 다양한 언약의 의식들이 어떻게 새 언약의 진리를 예표하는지를 보여 주셨습니다. 오! 저는 예수께서 그 새 언약의 피를 통하여 이루어 놓으신 모든 것들을 생각하고 마음 속에 주님께 대한 감사로 가득 찼습니다. 언약을 이해하고 난 후에 하나님과 언약 관계를 맺는 것이 얼마나 중대한지를 깨달았습니다. 또한 하나님의 말씀을 그저 진리로 알고 단순하게 받아들였던 수 많은 성경의 진리들 밑바닥에 흐르는 논거를 이해하기 시작했습니다. 일단 언약을 이해하게 되니 이 진리 배후에 담긴 이유가 보이기 시작한 것입니다.

우리는 언약을 맺는 여러 가지 관습을 연구할 필요가 있습니다. 각 관습을 볼 때마다 신약의 유사점을 여러분에게 제시해 드릴 것입니다.

클레이 트럼블은 재판 서문에서 이렇게 썼습니다.

"대양의 양편에서 과학자들과 신학자들이 「보혈의 언약」에 대하여 평해준 것은 내게 기대를 넘어서는 최고의 만족을 주었다. 나는 이 책의 발간으로 성경 용어에 새롭게 조명된 빛 속에서, 탁월하고 영향력

---

[2] Andrew Murray, *The Two Covenants* (Fort Wayne, Pennsylvania: Christian Literature Crusade, 1979). (역자주: 이성강 역, 계약신앙, 기독교문서선교회, 1984).
[3] Kay L. Arthur, *How Can I Live? A Devotional Journey With Kay Arthur* (Old Tappan, New Jersey: Fleming H. Revell Co., 1981).

있는 그리스도인 교사들이 다각적인 측면에서 종교적 교리들을 새롭게 진술하고 있음을 들으며, 이 책의 최신판을 필요로 하는 모든 요구에 즐거운 마음으로 응한다."4)

언약의 관습을 연구할 때 중요한 것은 우리가 언약에 관하여 믿는 것은 어떠한 것이나 성경에 의하여 확증되어야 한다는 것을 기억해두는 것입니다. 여러분과 제가 삶 속에서 모든 선한 일을 위하여 필요한 것은 하나님의 말씀에서 찾을 수 있습니다(딤후 3:17). 그러므로 하나님의 말씀에 더하지 않도록 조심합시다. 우리가 거짓말 하는 자가 되고 하나님께서 우리를 책망하실까 두렵습니다(잠 30:5-6). 어떤 이들은 하나님의 전체적인 말씀을 소홀히 하고 성경이 말하고 있지 않은 바를 성경에서 말씀하듯이 말함으로써 언약에 관한 가르침을 왜곡해 왔습니다. 우리는 주님께만 항상 신실하려고 해야 할 것이며 새롭고 이상야릇한 가르침을 가지고 사람들의 귀만 즐겁게 해주려고 하지는 말아야 할 것입니다. 하나님의 말씀은 진지하게 탐구하는 우리의 영혼을 충족시키기에 충분합니다. 그러므로 우리는 사람의 새로운 가르침을 따를 필요가 없습니다.

연구를 할 때, "마땅히 율법과 증거의 말씀을 좇을지니 그들의 말하는 바가 이 말씀에 맞지 아니하면 그들이 정녕히 아침 빛을 보지 못하고"(사 8:20)라는 하나님의 훈계를 기억하면서 하나님의 말씀에 비추어서 여러분이 배우는 모든 것을 주의 깊게 묵상하십시오.

이 성경적 경고를 유념하면서 이 과를 시작합시다.

---

4) Trumbull, Second Edition, vii-viii.

## 제 1 일

여러분은 방금 본 과에 대한 긴 소개를 읽었습니다. 그러므로 오늘의 과제는 매우 짧을 것입니다. 혹시 이 소개를 읽지 않았다면 되돌아가서 주의 깊게 그것을 읽기 바랍니다. 언약에 관한 연구에 우리가 어떻게 접근해 나가는지 이해하려면 반드시 그렇게 해야 합니다.

1. 아래에 기록된 사무엘상 18:1-5을 주의 깊게 읽고 지시대로 표시하십시오.

   a. 요나단과 다윗에 관하여 언급한 모든 곳에 표시를 하십시오. 단 그들을 가리키는 대명사에 모두 다 표시할 필요는 없습니다.

   b. "언약을 맺었다" 라는 어구 둘레에 ☁ 를 표시하십시오.

          사무엘상 18:1-5

   1 다윗이 사울에게 말하기를 마치매 요나단의 마음이 다윗의 마음과 연락되어 요나단이 그를 자기 생명같이 사랑하니라
   2 그 날에 사울은 다윗을 머무르게 하고 그 아비의 집으로 다시 돌아가기를 허락지 아니하였고
   3 요나단은 다윗을 자기 생명같이 사랑하여 더불어 언약을 맺었으며
   4 요나단이 자기의 입었던 겉옷을 벗어 다윗에게

주었고 그 군복과 칼과 활과 띠도 그리하였더라

5 다윗이 사울의 보내는 곳마다 가서 지혜롭게
행하매 사울이 그로 군대의 장을 삼았더니 온
백성이 합당히 여겼고 사울의 신하들도 합당히
여겼더라

2. 이 관찰작업표의 오른쪽 여백에 요나단이 다윗에 관하여 느낀 것과 다윗에게 행한 것을 모두 기록하십시오.

3. 사무엘상 18:3에 나오는 "맺었으며"(made)의 히브리 단어는 "karath"(카라트)입니다. 그것은 "자르다"라는 뜻입니다. 스트롱의 성구 사전[5]은 "언약"(covenant)이라는 단어의 사용에 대해 다음과 같이 말하고 있습니다: "특히 언약에 쓰임(즉 본래적으로 짐승의 몸을 쪼개어 그 조각 사이를 지나감으로 동맹 혹은 계약을 맺는다)". 그러므로 요나단은 언약을 '잘랐습니다' : "카라트 베리트"(karath beriyth)

4. Theological Wordbook of the Old Testament[6](구약신학사전-역자주)는 "베리트"(beriyth)에 대하여 다음과 같이 말합니다.

---

5) James Strong, *Strong's Exhaustive Concordance of the Bible* (MacLean, Virginia: MacDonald Publishing Company), p 57.
6) Harris, Archer, and Waltke, *Theological Wordbook of the Old Testament* (Chicago, Illinoiss: Moody Press, 1980), Vol. I, p. 128.

"언약: 국가 사이의 우호적인 조약이나 동맹. 개인 사이의 맹세 혹은 합의. 군주와 신하 사이의 의무 관계로 맺어진 헌장. 하나님과 사람 사이의 표적과 희생 제물, 그리고 언약을 지키면 축복을 받고 어기면 저주를 받게되는 관계를 확고히 하는 엄숙한 서약이 따르는 언약… 언약을 맺는 행위에 '언약을 자른다' (한글 개역 성경에는 '언약을 세워'로 나옴-역자주)라는 관용어를 사용하는데(창 15:18 등), 그것은 언약의 관습에 관한 사항으로서 피흘리는 희생 제물을 만드는 것이다."

a. 이 정의에 따르면 언약에 수반되는 세 가지가 무엇입니까?
   1)
   2)
   3)

b. 사무엘상 18:4을 다시 읽고 요나단이 다윗과 언약을 맺을 때 무엇을 하였는지 쓰십시오.

## 제 2 일

클레이 트럼블은 요나단이 다윗과 맺은 언약에 관하여 다음과 같이 썼습니다:

피로 언약을 맺은 후 종종 의복과 무기를 교환하는 일이 뒤따랐다 … 그 시간부터 다윗과 요나단의 마음은 흡사 하나처럼 되었다. 요나단은 자신의 피와 같이 소중했던 다윗에 대한 사랑과 충성의 증거로 부모에게서 떠날 수 있었고, 모든 개인적 야망과 이기적인 갈망을 억제할 수도 있었다. 그의 다윗에 대한 사랑은 "기이하여 여인의 사랑보다 승하였다"(삼하 1:26).[7]

겉옷과 병기(칼, 활, 띠)를 주는 것은 무엇을 의미합니까? 왜 그렇게 했습니까? 이것이 바로 금주에 살펴보려고 하는 것입니다. 그것은 축복이 될 것입니다.

오늘은 겉옷을 바꿔입는 것이 왜 중요한가를 살펴봄으로써 연구를 시작하겠습니다.

1. 요나단이 다윗에게 자기의 겉옷을 벗어 주었을 때, 다윗은 상징적으로 "요나단을 입는" 것입니다. 언약 안에서 둘은 하나가 됩니다. 다시 한 번 클레이 트럼블의 글을 인용하겠습니다.

   피로 맺은 언약, 피를 섞음으로 맺은 언약은 상상할 수 있는 것 중 가장 가깝고 가장 거룩하고 가장 확고하고 영구적인 것으로 인정되어 왔다. 그러한 언약은 분명히 자신의 분신을 향한 절대적 항복 혹은 그 맹약에 포함되어 있는 개성의 병합을 포함한다. 그러므로 인간의 영혼이 추구하는 가장 고귀하

---

7) Clay Trumbull , p. 204.

고 높은 지점은 이 인간의 피 언약에서 상징하는 대로 신의 성품과의 놀라운 연합에 있다.[8]

2. 여러분과 제가 회개하고 주 예수 그리스도를 영접할 때 우리는 우리 자신을 그분께 몰입시킴으로써 은혜의 새 언약 가운데 들어가는 것입니다. 그렇게 하는 것은 본질상 그의 옷을 입는 것입니다. 우리는 그리스도와 같이 되어야 합니다. 다음 성경 구절들을 찾아서 각각이 말씀하는 바와 그것이 예수의 옷을 입는 것과 어떻게 부합되는지를 쓰십시오.

   a. 갈라디아서 3:26-29

   [26]너희가 다 믿음으로 말미암아 그리스도 예수 안에서 하나님의 아들이 되었으니 [27]누구든지 그리스도와 합하여 세례를 받은 자는 그리스도로 옷 입었느니라 [28]너희는 유대인이나 헬라인이나 종이나 자주자나 남자나 여자 없이 다 그리스도 예수 안에서 하나이니라 [29]너희가 그리스도께 속한 자면 곧 아브라함의 자손이요 약속대로 유업을 이을 자니라

   b. 로마서 13:12-14. 여러분이 통찰한 것을 쓸 때, 예수 그리스도로 옷입은 사람들에게 부적당한 것을 기록해 보십시오.

   [12]밤이 깊고 낮이 가까왔으니 그러므로 우리가 어둠의 일을 벗고 빛의 갑옷을 입자 [13]낮에와 같이 단정히 행하고 방탕과 술 취

---

8) Ibid.

하지 말며 음란과 호색하지 말며 쟁투와 시기하지 말고 [14]오직 주 예수 그리스도로 옷 입고 정욕을 위하여 육신의 일을 도모하지 말라

3. 오늘 여러분이 살펴 본 것들을 묵상해 보십시오. 옷에 관한 연구는 내일도 계속할 것입니다. 저는 여러분이 배운 것을 묵상하고 그것에 비추어서 여러분의 삶을 검토해 볼 시간을 갖기를 원하므로 너무 많은 분량의 연구를 과제로 드리고 싶지 않습니다. 이 연구는 여러분이 주님의 형상으로 성장하기 위하여 필수적인 것입니다.

지금까지 여러분이 배운 바에 비추어서 하나님께 드리는 기도문을 써 보십시오. 여러분의 기도는 자백, 감사, 혹은 개인적인 청원의 형태 중 하나가 될 수 있을 것입니다.

## 제 3 일

오늘은 옷을 주거나 교환하는 것이 상징하는 바를 살펴보고자 합니다.

1. 에베소서 4:17-32을 주의 깊게 읽어보십시오.

¹⁷그러므로 내가 이것을 말하며 주 안에서 증거하노니 이제부터는 이방인이 그 마음의 허망한 것으로 행함같이 너희는 행하지 말라 ¹⁸저희 총명이 어두워지고 저희 가운데 있는 무지함과 저희 마음이 굳어짐으로 말미암아 하나님의 생명에서 떠나 있도다 ¹⁹저희가 감각 없는 자 되어 자신을 방탕에 방임하여 모든 더러운 것을 욕심으로 행하되 ²⁰오직 너희는 그리스도를 이같이 배우지 아니하였느니라 ²¹진리가 예수 안에 있는 것같이 너희가 과연 그에게서 듣고 또한 그 안에서 가르침을 받았을진대 ²²너희는 유혹의 욕심을 따라 썩어져 가는 구습을 좇는 옛 사람을 벗어 버리고 ²³오직 심령으로 새롭게 되어 ²⁴하나님을 따라 의와 진리의 거룩함으로 지으심을 받은 새 사람을 입으라 ²⁵그런즉 거짓을 버리고 각각 그 이웃으로 더불어 참된 것을 말하라 이는 우리가 서로 지체 됨이니라 ²⁶분을 내어도 죄를 짓지 말며 해가 지도록 분을 품지 말고 ²⁷마귀로 틈을 타지 못하게 하라 ²⁸도적질하는 자는 다시 도적질하지 말고 돌이켜 빈궁한 자에게 구제할 것이 있기 위하여 제 손으로 수고하여 선한 일을 하라 ²⁹무릇 더러운 말은 너희 입 밖에도 내지 말고 오직 덕을 세우는 데 소용되는 대로 선한 말을 하여 듣는 자들에게 은혜를 끼치게 하라 ³⁰하나님의 성령을 근심하게 하지 말라 그 안에서 너희가 구속의 날까지 인치심을 받았느니라 ³¹너희는 모든 악독과 노함과 분냄과 떠드는 것과 훼방하는 것을 모든 악의와 함께 버리고 ³²서로 인자하게 하며 불쌍히 여기며 서로 용서하기를 하나님이 그리스도 안에서 너희를 용서하심과 같이 하라

a. 에베소서 4:22-24에서 우리는 새 언약을 맺은 사람들의 상태를 봅니다. 무엇을 벗어버리고 무엇을 입었습니까?

b. 그 둘이 어떻게 다른지를 설명하십시오.

c. 이것은 어제 배운 것과 어떻게 비교됩니까?

2. 에베소서 4:22-24에서 우리는 그리스도인으로서의 새로운 상태를 살펴보았습니다. 이제 에베소서 4:25-32에서는 새 사람(혹은 새 자아)의 모습을 보여 줍니다. 이 구절에 따르면 "그의 옷을 입은" 사람들은 어떻게 행동하는지를 써 보십시오.


## 제 4 일

1. 이 구절의 문맥을 이해하기 위하여 골로새서 3:1-17을 읽으십시오. 우리는 계속해서 언약을 맺을 때 옷을 교환하는 의식에 관하여 신약에 나타난 유사점을 살펴보고 있습니다. 진정으로 하나님의 자녀인 사람들은 예수 그리스도와 언약을 맺었으며 그리스도로 옷 입은 것입니다(갈 3:27).

   골로새서 3:1-17

   ¹그러므로 너희가 그리스도와 함께 다시 살리심을 받았으면 위엣 것을 찾으라 거기는 그리스도께서 하나님 우편에 앉아 계시느니라 ²위엣 것을 생각하고 땅엣 것을 생각지 말라 ³이는 너희가 죽었고 너희 생명이 그리스도와 함께 하나님 안에 감취었음이니라

⁴우리 생명이신 그리스도께서 나타나실 그 때에 너희도 그와 함께 영광 중에 나타나리라 ⁵그러므로 땅에 있는 지체를 죽이라 곧 음란과 부정과 사욕과 악한 정욕과 탐심이니 탐심은 우상 숭배니라 ⁶이것들을 인하여 하나님의 진노가 임하느니라 ⁷너희도 전에 그 가운데 살 때에는 그 가운데서 행하였으나 ⁸이제는 너희가 이 모든 것을 벗어 버리라 곧 분과 악의와 훼방과 너희 입의 부끄러운 말이라 ⁹너희가 서로 거짓말을 말라 옛사람과 그 행위를 벗어 버리고 ¹⁰새 사람을 입었으니 이는 자기를 창조하신 자의 형상을 좇아 지식에까지 새롭게 하심을 받는 자니라 ¹¹거기는 헬라인과 유대인이나 할례당과 무할례당이나 야인이나 스구디아인이나 종이나 자유인이 분별이 있을 수 없나니 오직 그리스도는 만유시요 만유 안에 계시니라 ¹²그러므로 너희는 하나님의 택하신 거룩하고 사랑하신 자처럼 긍휼과 자비와 겸손과 온유와 오래 참음을 옷입고 ¹³누가 뉘게 혐의가 있거든 서로 용납하여 피차 용서하되 주께서 너희를 용서하신 것과 같이 너희도 그리하고 ¹⁴이 모든 것 위에 사랑을 더하라 이는 온전하게 매는 띠니라 ¹⁵그리스도의 평강이 너희 마음을 주장하게 하라 평강을 위하여 너희가 한 몸으로 부르심을 받았나니 또한 너희는 감사하는 자가 되라 ¹⁶그리스도의 말씀이 너희 속에 풍성히 거하여 모든 지혜로 피차 가르치며 권면하고 시와 찬미와 신령한 노래를 부르며 마음에 감사함으로 하나님을 찬양하고 ¹⁷또 무엇을 하든지 말에나 일에나 다 주 예수의 이름으로 하고 그를 힘입어 하나님 아버지께 감사하라

a. 3절에 따르면 그들에게 무슨 일이 일어났습니까?



b. 로마서 6:1-7을 골로새서 3:3-6에 대한 관주로 읽으십시오.

　　로마서 6:1-7

　　¹그런즉 우리가 무슨 말 하리요 은혜를 더하게 하려고 죄에 거하겠느뇨 ²그럴 수 없느니라 죄에 대하여 죽은 우리가 어찌 그 가운

데 더 살리요 ³무릇 그리스도 예수와 합하여 세례를 받은 우리는 그의 죽으심과 합하여 세례받은 줄을 알지 못하느뇨 ⁴그러므로 우리가 그의 죽으심과 합하여 세례를 받음으로 그와 함께 장사되었나니 이는 아버지의 영광으로 말미암아 그리스도를 죽은 자 가운데서 살리심과 같이 우리로 또한 새 생명 가운데서 행하게 하려 함이니라 ⁵만일 우리가 그의 죽으심을 본받아 연합한 자가 되었으면 또한 그의 부활을 본받아 연합한 자가 되리라 ⁶우리가 알거니와 우리 옛 사람이 예수와 함께 십자가에 못 박힌 것은 죄의 몸이 멸하여 다시는 우리가 죄에게 종 노릇 하지 아니하려 함이니 ⁷이는 죽은 자가 죄에서 벗어나 의롭다 하심을 얻었음이니라

(주: 세례는 항상 물을 사용하는 것을 뜻하는 것이 아니며 물 세례만을 의미하는 것도 아닙니다. 'baptizo'라는 단어는 '동일시' 혹은 '연합'을 의미하며 그것은 반드시 문맥에 비추어서 해석되어야만 합니다.)

c. 로마서 6:1-7은 더이상 죄 가운데 살지 말라고 하는 골로새서 3:3-6과 골로새서의 다른 구절들과 어떻게 비교됩니까?


2. 골로새서 3:10에 따르면

  a. 무엇을 입었습니까?

  b. 이것은 언약의 중요 의미 및 상징과 어떻게 비교됩니까?

3. "입다"라는 말은 골로새서 3장에서 두 번 더 사용됩니다. 그것을 찾아보고 무엇을 더 입어야 하는지 쓰십시오.

4. 3번에서 기록한 것들이 예수를 입는 것, 혹은 그의 거룩한 성품과 하나가 되는 것을 어떻게 나타냅니까?

## 제 5 일

언약을 세울 때의 관습은 옷, 무기, 띠를 교환하는 것이었습니다. 우리는 예수를 입고 그의 형상으로 옷 입어야 함을 보았습니다. 우리 언약의 주체인 예수는 과연 인간의 모양으로 옷 입으셨습니까? 이것이 오늘 연구의 주제입니다.

1. 빌립보서 2:5-8을 읽으십시오. 이 구절은 옷을 교환하는 것과 유사합니까? 그렇다면 어떻게 유사한지를 써 보십시오.

> 빌립보서 2:5-8
>
> [5]너희 안에 이 마음을 품으라 곧 그리스도 예수의 마음이니 [6]그는 근본 하나님의 본체시나 하나님과 동등됨을 취할 것으로 여기지 아니하시고 [7]오히려 자기를 비어 종의 형체를 가져 사람들과 같이 되었고 [8]사람의 모양으로 나타나셨으매 자기를 낮추시고 죽기까지 복종하셨으니 곧 십자가에 죽으심이라

2. 이제 히브리서 2:9, 14-18을 읽고 질문에 답하십시오.

> ⁹오직 우리가 천사들보다 잠깐 동안 못하게 하심을 입은 자 곧 죽음의 고난 받으심을 인하여 영광과 존귀로 관 쓰신 예수를 보니 이를 행하심은 하나님의 은혜로 말미암아 모든 사람을 위하여 죽음을 맛보려 하심이라 … ¹⁴자녀들은 혈육에 함께 속하였으매 그도 또한 한 모양으로 혈육에 함께 속하심은 사망으로 말미암아 사망의 세력을 잡은 자 곧 마귀를 없이 하시며 ¹⁵또 죽기를 무서워하므로 일생에 매여 종 노릇 하는 모든 자들을 놓아 주려 하심이니 ¹⁶이는 실로 천사들을 붙들어 주려 하심이 아니요 오직 아브라함의 자손을 붙들어 주려 하심이라 ¹⁷그러므로 저가 범사에 형제들과 같이 되심이 마땅하도다 이는 하나님의 일에 자비하고 충성된 대제사장이 되어 백성의 죄를 구속하려 하심이라 ¹⁸자기가 시험을 받아 고난을 당하셨은즉 시험받는 자들을 능히 도우시느니라

   a. 히브리서 1:3은 예수가 하나님의 아들이며, 아들로서 하나님과 하나이고, 하나님 아버지의 본체의 정확한 형상임을 확증합니다. 히브리서 2:14, 17에 따르면 예수는 무엇이 되셨습니까?

   b. 예수께서 왜 그렇게 되셨습니까?

   c. 이것과 "우리가 옷을 입는 것" 사이에 유사점을 발견할 수 있습니까? 있다면, 어떻게 유사합니까?

3. 이제 금주에 언약에 관하여 배운 모든 것을 목록 형태로 요약하십시오. 이 목록 속에 "언약을 세운다"는 말의 히브리 단어를 포함시

키십시오. 가능한한 간결하게 쓰십시오.

4. 금주에 배운 것 중 여러분의 삶에 적용시킬 수 있는 것으로서 가장 의미심장한 진리는 무엇입니까?

5. 여러분의 삶에 이 진리를 어떻게 실천할 것입니까?

　사랑하는 여러분, 이제 우리는 언약의 실제적인 부분에 들어섰습니다. 저는 여러분을 위하여 기도했습니다. 하나님께서 우리가 구하거나 생각할 수 있는 모든 것보다 훨씬 더 풍성하게 채워주시기를….

*Note*

*Note*

# 제 3 과

"언약은 무엇보다도 사람으로 하여금 하나님을 '언약을 지키시는 하나님'으로 신뢰하게 하고, 기대와 소망을 가지고 자신을 하나님께 연결시키며, 오직 하나님만을 자기 영혼의 기업이며 능력으로 삼게 합니다."[1)]

## 제 1 일

금주에는 계속해서 언약을 맺는 데 따르는 여러 가지 표징들을 살펴볼 것입니다. 각 표징(혹은 의식의 부분)은 헌신 혹은 책임의 국면을 상징하며 언약을 맺는 상대방에게 언약의 관계를 생생하게 볼 수 있도록 잘 묘사해줍니다.

지난 주에는 요나단과 다윗이 언약을 맺을 때 군복과 칼과 활과 띠를 교환한 것을 보았습니다. 옷을 바꾸어 입는다는 것은 서로를 입는다는 것을 의미하며, 언약을 맺는 상대방의 형상을 취하는 것입니다.

---

1) Andrew Murray, *The Two Covenants* (Old Tappan, New Jersey : Fleming H. Revell Co.), p. 2. (한글판 역서, 이성강 역, 계약신앙, 서울:기독교문서선교회), p.12.

언약이란 양편이 맺을 수 있는 가장 신성하고 구속력이 강한 계약임을 기억해야 합니다. 피 언약 안에서 둘은 피를 나눈 형제가 되며 따라서 서로에게 책임을 지게 됩니다. 그들이 소유했던 모든 것은 이제 공동으로 소유해야 합니다.

무기를 교환하는 것, 띠를 교환하는 것은 무엇을 의미했습니까? 금주에는 이 두 가지에 대해 살펴볼 것입니다. 많은 사람들이 언약의 관습에 관해 깊이 연구해 왔으며 그 실제적 형태를 기록해 왔으므로, 저는 이 관습에 관한 연구 기록을 계속 인용할 것입니다. 우리가 언약에 관한 관습을 살펴보기 전에 꼭 기억해야 할 몇 가지 사항이 있습니다.

1. 성경에서, 언약을 맺는 어느 한 특정한 사건에 언약의 여러 가지 표징이 모두 다 수행된 곳은 없습니다. 그러므로 우리는 이러한 "표징" 혹은 언약의 단계를 절대적인 것으로 만들 수는 없습니다. 단지 성경 자체가 명백하게 이러한 진리들을 실증할 때, 우리의 삶에 그것들을 적용할 수 있는 것입니다. 성경의 분명한 가르침을 넘어가서는 안됩니다.

2. 다른 문화권에서 온 사람들이 한 가지 공통 분모나 기본적 사실을 공유하고 있는 여러 가지 관습 혹은 사건들에 관한 이야기를 나누는 것을 보면, 그들이 가진 관습이나 이야기는 실제 사건이나 관습의 어느 한 단편이거나 곡해임을 알 수 있을 것입니다. 이 사실을 이해하는 것은 중요합니다. 저는 여러분이 이 사실을 확실히 파악함으로써 언약의 관습을 이해하는 데 방해받지 않기를 바랍니다. 그것은 하나님의 말씀과 관련이 있기 때문입니다.

이에 대한 좋은 예로써 홍수 이야기를 들 수 있습니다. 여러분은 전

세계에 걸쳐서 한 홍수에 관한 여러 가지 이야기를 가진 여러 문화권들을 발견할 것입니다. 세부적인 것은 다를지라도 각 이야기마다 공통분모를 가집니다. 왜냐하면 대홍수는 사실상의 역사적 사건이며 그 이야기는 분명히 주께서 언어를 혼란케 하셔서 사람들을 여러 나라로 갈라 놓으시고 그들을 온 세상에 흩으신 이후 대대로 전승되어 내려왔기 때문입니다. 그러므로 홍수에 관한 그들의 이야기가 창세기의 기사와 일치하지 않는다면 그 이야기는 진리가 일부 왜곡된 것임을 알 수 있습니다.

언약에서도 같은 원리가 적용됩니다. 언약을 연구한 후, 여러 다른 문화의 언약에 관한 다양한 이야기들을 비교해보면 피 언약의 기본개념은 하나님께서 인간에게 주신 한 가지 공통적인 계시에서 비롯되었다는 것을 알 수 있습니다. 그것은 대홍수와 여덟 명의 생존자들 만큼이나 오래된 옛날 것입니다! 그러므로 성서 내용 밖의 출처에서 언약에 관하여 살펴보는 것은 필시 사실의 일부분이거나 왜곡된 것입니다.

여러분이 지루해 할 위험을 무릅쓰고라도, 이 주제를 정직하고 철저하게 다루기 위해서 H. 클레이 트럼블의 말을 인용하겠습니다. 만일 여러분에게 이것이 너무 과중하거나 혹 중요하지 않다고 느낀다면, 이 인용을 생략하고 본 과를 계속하십시오.

"도처에서 여러 사람들의 종교적 염원과 종교적 기대의 주요 상징이 어떻게 그와 같이 보편적으로 부합되게 되었을까 하는 것은 명백히 다음 두 가지의 가능성 있는 해답을 인정하는 질문이다. 첫째는, 하나님께로부터의 한 가지 공통적 계시가 원시인에게 주어졌을 것이다. 그래서 다양하지만 연관이 있는 이 모든 종교적 노력과 표징들이 아마도 여러 사람들에 의해 오용되었거나, 혹은 가볍게 다루어진 계시의 왜곡된 잔여물에 불과한 것들일 것이다. 두번째로는, 하나님께서는 본래 인간의 마음 속에 한 가지 공통된 종교적 사고 근원을 뿌리 박으시고 그 근원의 완성에 적합하게 자기의 연속적 계시를 하셨을 것이다. 온 세계에서 그리스도인 학생들이 이러한 일반적인 상징적 의의에 대한 유력한 두 해답 중 어떤 관점을 채택하든 간에 진리의 계시와 관련해서 그 상징적 의의 자체의 중요성은 명백히 동일하다."[2]

1. 사무엘상 18:1-5을 다시 읽으십시오. 무기를 교환하는 것은 언약을 맺는 사람이 상대방을 적으로부터 방어할 책임을 상징하는 것이었습니다. 다윗과 요나단은 서로를 보호하고 필요하다면 적으로부터 서로를 지켜줄 책임이 있었습니다. 선교사 탐험가인 데이비드 리빙스턴과 합류하기 위하여 아프리카에 갔던 스탠리는 몇몇 아프리카 추장들과 피 언약을 맺는 수 많은 사건들을 말합니다. 그의 책 「The Congo」(콩고)에서 그는 이렇게 썼습니다.

"나는 나의 50번째 형제와 영원히 연합되었다. 죽기까지 나는 그를 모든 원수에게서 지켜줄 의무가 있다."[3]

---

2) H. Clay Trumbull, *The Blood Covenant* ( Kirkwood, Missouri: Impact Books, Inc., 1975), p. 205.
3) Stanley, *The Congo* , pp. 79-80.

2. 서로를 지켜줄 책임을 맡는 상징으로 무기를 교환하는 것은 다윗과 요나단의 관계에서 볼 수 있습니다. 다윗과 요나단의 상황을 보여 주는 다음 구절을 읽고, 여러분 자신의 말로 이 언약의 책임이 어떻게 예증되었는지를 쓰십시오.

   a. 사무엘상 18:6-16

   > 6무리가 돌아올 때 곧 다윗이 블레셋 사람을 죽이고 돌아올 때에 여인들이 이스라엘 모든 성에서 나와서 노래하며 춤추며 소고와 경쇠를 가지고 왕 사울을 환영하는데 7여인들이 뛰놀며 창화하여 가로되 사울의 죽인 자는 천천이요 다윗은 만만이로다 한지라 8사울이 이 말에 불쾌하여 심히 노하여 가로되 다윗에게는 만만을 돌리고 내게는 천천만 돌리니 그의 더 얻을 것이 나라밖에 무엇이냐 하고 9그 날 후로 사울이 다윗을 주목하였더라 10그 이튿날 하나님의 부리신 악신이 사울에게 힘있게 내리매 그가 집 가운데서 야료하는 고로 다윗이 평일과 같이 손으로 수금을 타는데 때에 사울의 손에 창이 있는지라 11그가 스스로 이르기를 내가 다윗을 벽에 박으리라 하고 그 창을 던졌으나 다윗이 그 앞에서 두 번 피하였더라 12여호와께서 사울을 떠나 다윗과 함께 계시므로 사울이 그를 두려워한지라 13그러므로 사울이 그로 자기를 떠나게 하고 천부장을 삼으매 그가 백성 앞에 출입하며 14그 모든 일을 지혜롭게 행하니라 여호와께서 그와 함께 계시니라 15사울이 다윗의 크게 지혜롭게 행함을 보고 그를 두려워하였으나 16온 이스라엘과 유다는 다윗을 사랑하였으니 그가 자기들 앞에 출입함을 인함이었더라

b. 사무엘상 19:1-11

¹사울이 그 아들 요나단과 그 모든 신하에게 다윗을 죽이라 말하였더니 사울의 아들 요나단이 다윗을 심히 기뻐하므로 ²그가 다윗에게 고하여 가로되 내 부친 사울이 너를 죽이기를 꾀하시느니라 그러므로 이제 청하노니 아침에 조심하여 은밀한 곳에 숨어 있으라 ³내가 나가서 너 있는 들에서 내 부친 곁에 서서 네 일을 내 부친과 말하다가 무엇을 보거든 네게 알게 하리라 하고 ⁴요나단이 그 아비 사울에게 다윗을 포장하여 가로되 원컨대 왕은 신하 다윗에게 범죄치 마옵소서 그는 왕께 득죄하지 아니하였고 그가 왕께 행한 일은 심히 선함이니이다 ⁵그가 자기 생명을 아끼지 아니하고 블레셋 사람을 죽였고 여호와께서는 온 이스라엘을 위하여 큰 구원을 이루셨으므로 왕이 이를 보고 기뻐하셨거늘 어찌 무고히 다윗을 죽여 무죄한 피를 흘려 범죄하려 하시나이까 ⁶사울이 요나단의 말을 듣고 맹세하되 여호와께서 사시거니와 그가 죽임을 당치 아니하리라 ⁷요나단이 다윗을 불러 그 모든 일을 알게 하고 그를 사울에게로 인도하니 그가 사울 앞에 여전히 있으니라 ⁸전쟁이 다시 있으므로 다윗이 나가서 블레셋 사람들과 싸워 그들을 크게 도륙하매 그들이 그 앞에서 도망하니라 ⁹사울이 손에 단창을 가지고 그 집에 앉았을 때에 여호와의 부리신 악신이 사울에게 접하였으므로 다윗이 손으로 수금을 탈 때에 ¹⁰사울이 단창으로 다윗을 벽에 박으려 하였으나 그는 사울의 앞을 피하고 사울의 창은 벽에 박힌지라 다윗이 그 밤에 도피하매 ¹¹사울이 사자들을 다윗의 집에 보내어 그를 지키다가 아침에 그를 죽이게 하려 한지라 다윗의 아내 미갈이 다윗에게 일러 가로되 당신이 이 밤에 당신의 생명을 구하지 아니하면 내일에는 죽임을 당하리라 하고

c. 사무엘상 20:1-13

¹다윗이 라마 나욧에서 도망하여 와서 요나단에게 이르되 내가 무엇을 하였으며 내 죄악이 무엇이며 네 부친 앞에서 나의 죄가 무엇이관대 그가 내 생명을 찾느뇨 ²요나단이 그에게 이르되 결단코 아니라 네가 죽지 아니하리라 내 부친이 대소사를 내게 알게 아니하고는 행함이 없나니 내 부친이 어찌하여 이 일은 내게 숨기리요 그렇지 아니하니라 ³다윗이 또 맹세하여 가로되 내가 네게 은혜받은 줄을 네 부친이 밝히 알고 스스로 이르기를 요나단이 슬퍼할까 두려운즉 그로 이를 알게 하지 아니하리라 함이니라 그러나 진실로 여호와의 사심과 네 생명으로 맹세하노니 나와 사망의 사이는 한 걸음뿐이니라 ⁴요나단이 다윗에게 이르되 네 마음의 소원이 무엇이든지 내가 너를 위하여 그것을 이루리라 ⁵다윗이 요나단에게 이르되 내일은 월삭인즉 내가 마땅히 왕을 모시고 앉아 식사를 하여야 할 것이나 나를 보내어 제 삼 일 저녁까지 들에 숨게 하고 ⁶네 부친이 만일 나를 자세히 묻거든 그 때에 너는 말하기를 다윗이 자기 성 베들레헴으로 급히 가기를 내게 허하라 간청하였사오니 이는 온 가족을 위하여 거기서 매년제를 드릴 때가 됨이니이다 하라 ⁷그의 말이 좋다 하면 네 종이 평안하려니와 그가 만일 노하면 나를 해하려고 결심한 줄을 알지니 ⁸그런즉 원컨대 네 종에게 인자히 행하라 네가 네 종으로 여호와 앞에서 너와 맹약케 하였음이니라 그러나 내게 죄악이 있거든 네가 친히 나를 죽이라 나를 네 부친에게로 데려갈 것이 무엇이뇨 ⁹요나단이 가로되 이 일이 결코 네게 있지 아니하리라 내 부친이 너를 해하려 결심한 줄 알면 내가 네게 이르지 아니하겠느냐 ¹⁰다윗이 요나단에게 이르되 네 부친이 혹 엄하게 네게 대답하면 누가 그것을 내게 고하겠느냐 ¹¹요나단이 다윗에게 이르되 오라 우리가 들로 가자 하고 두 사람이 들로 가니라 ¹²요나단이 다윗에게 이르되 이스라엘의 하나님 여호와께서 증거하시거니와 내가 내일이나 모레 이맘 때에 내 부친을 살펴서 너 다윗에게 대한 의향이 선하면 내가 보내어 네게 알게 하지 않겠느냐 ¹³그러나 만일 내 부친이 너를 해하려 하거늘 내가 이 일을 네게 알게 하여 너를 보내어 평안히 가게 하지 아니

하면 여호와께서 나 요나단에게 벌을 내리시고 또 내리시기를 원하노라 여호와께서 내 부친과 함께 하신 것같이 너와 함께 하시기를 원하노니

## 제 2 일

우리가 본 바와 같이, 언약 때문에 요나단은 비록 아버지를 거역하고서라도 다윗의 생명을 지켜줄 의무가 있었습니다.

이제 오늘 우리가 생각해보기 원하는 질문이 있습니다. 하나님은 그와 언약을 맺은 사람들을 그들의 원수에게서 지켜줄 책임이 있으십니까?

1. 첫번째 주에 우리는 하나님께서 아브라함과 이삭, 야곱 그리고 그 후손들과 언약을 맺은 것을 보았습니다. 출애굽기 24장에서 하나님이 율법의 언약을 맺는 것도 보았습니다. 이 모든 것에 비추어, 시편 105:8-15을 읽으십시오. "언약"이라는 말이 사용될 때마다 표시하십시오. 그리고 하나님께서 그의 백성을 보호하시는 것을 가리키는 구절을 쓰십시오. 여러분이 살펴본 바를 쓰십시오.

   시편 105:8-15

   $^8$그는 그 언약 곧 천 대에 명하신 말씀을 영원히 기억하셨으니 $^9$이것은 아브라함에게 하신 언약이며 이삭에게 하신 맹세며 $^{10}$야곱에게 세우신 율례 곧 이스라엘에게 하신 영영한 언약이라 $^{11}$이르시기를 내가 가나안 땅을 네게 주어 너희 기업의 지경이 되게

하리라 하셨도다 ¹²때에 저희 인수가 적어 매우 영성하며 그 땅에 객이 되어 ¹³이 족속에게서 저 족속에게로, 이 나라에서 다른 민족에게로 유리하였도다 ¹⁴사람이 그들을 해하기를 용납지 아니하시고 그들의 연고로 열왕을 꾸짖어 ¹⁵이르시기를 나의 기름 부은 자를 만지지 말며 나의 선지자를 상하지 말라 하셨도다

## 2. 사도행전 8:1-3, 9:1-7을 읽고 다음에 답하십시오.

사도행전 8:1-3

¹사울이 그의 죽임 당함을 마땅히 여기더라 그 날에 예루살렘에 있는 교회에 큰 핍박이 나서 사도 외에는 다 유대와 사마리아 모든 땅으로 흩어지니라 ²경건한 사람들이 스데반을 장사하고 위하여 크게 울더라 ³사울이 교회를 잔멸할새 각 집에 들어가 남녀를 끌어다가 옥에 넘기니라

사도행전 9 :1-7

¹사울이 주의 제자들을 대하여 여전히 위협과 살기가 등등하여 대제사장에게 가서 ²다메섹 여러 회당에 갈 공문을 청하니 이는 만일 그 도를 좇는 사람을 만나면 무론 남녀하고 결박하여 예루살렘으로 잡아오려 함이라 ³사울이 행하여 다메섹에 가까이 가더니 홀연히 하늘로서 빛이 저를 둘러 비추는지라 ⁴땅에 엎드러져 들으매 소리 있어 가라사대 사울아 사울아 네가 어찌하여 나를 핍박하느냐 하시거늘 ⁵대답하되 주여 뉘시오니이까 가라사대 나는 네가 핍박하는 예수라 ⁶네가 일어나 성으로 들어가라 행할 것을 네게 이를 자가 있느니라 하시니 ⁷같이 가던 사람들은 소리만 듣고 아무도 보지 못하여 말을 못하고 섰더라

a. 사울은 후에 바울이라 명명되었고 예수 그리스도의 제자가 되었습니다. 사울은 다메섹으로 향하여 가기 전에 예수 그리스도를 따르는 자들에게 어떠한 일을 했습니까?

b. 예수는 왜 사울이 자기를 박해한다고 나무라셨을까요? 예수는 어디에 계셨습니까?

c. 여기에서 언약이 적용된 것을 볼 수 있습니까? 여러분의 답변에 대한 이유를 설명하십시오.

## 제 3 일

1. 하나님께서는 그리스도인의 적에게 무엇을 하실 것입니까? 데살로니가후서 1:3-10을 읽고 여러분 자신의 말로 답을 써 보십시오.

    데살로니가후서 1:3-10

    [3]형제들아 우리가 너희를 위하여 항상 하나님께 감사할지니 이것이 당연함은 너희 믿음이 더욱 자라고 너희가 다 각기 서로 사랑함이 풍성함이며 [4]그리고 너희의 참는 모든 핍박과 환난 중에서 너희 인내와 믿음을 인하여 하나님의 여러 교회에서 우리가 친히

자랑함이라 ⁵이는 하나님의 공의로운 심판의 표요 너희로 하여금 하나님의 나라에 합당한 자로 여기심을 얻게 하려 함이니 그 나라를 위하여 너희가 또한 고난을 받으니 ⁶너희로 환난받게 하는 자들에게는 환난으로 갚으시고 ⁷환난받는 너희에게는 우리와 함께 안식으로 갚으시는 것이 하나님의 공의시니 주 예수께서 저의 능력의 천사들과 함께 하늘로부터 불꽃 중에 나타나실 때에 ⁸하나님을 모르는 자들과 우리 주 예수의 복음을 복종치 않는 자들에게 형벌을 주시리니 ⁹이런 자들이 주의 얼굴과 그의 힘의 영광을 떠나 영원한 멸망의 형벌을 받으리로다 ¹⁰그 날에 강림하사 그의 성도들에게서 영광을 얻으시고 모든 믿는 자에게서 기이히 여김을 얻으시리라 (우리의 증거가 너희에게 믿어졌음이라)

2. 하나님께서 자기 자녀들을 지켜주신다면, 우리는 우리의 적에게 어떻게 반응해야 하겠습니까? 로마서 12:14, 17-21, 마태복음 5:43-48을 읽고 질문에 답하십시오. 가능한한 구체적으로 쓰십시오.

로마서 12:14, 17-21

¹⁴너희를 핍박하는 자를 축복하라 축복하고 저주하지 말라 … ¹⁷아무에게도 악으로 악을 갚지 말고 모든 사람 앞에서 선한 일을 도모하라 ¹⁸할 수 있거든 너희로서는 모든 사람으로 더불어 평화하라 ¹⁹내 사랑하는 자들아 너희가 친히 원수를 갚지 말고 진노하심에 맡기라 기록되었으되 원수 갚는 것이 내게 있으니 내가 갚으리라고 주께서 말씀하시니라 ²⁰네 원수가 주리거든 먹이고 목마르거든 마시우라 그리함으로 네가 숯불을 그 머리에 쌓아 놓으리라 ²¹악에게 지지 말고 선으로 악을 이기라

마태복음 5:43-48

⁴³또 네 이웃을 사랑하고 네 원수를 미워하라 하였다는 것을 너희가 들었으나 ⁴⁴나는 너희에게 이르노니 너희 원수를 사랑하며 너희를 핍박하는 자를 위하여 기도하라 ⁴⁵이같이 한즉 하늘에 계신 너희 아버지의 아들이 되리니 이는 하나님이 그 해를 악인과 선인에게 비취게 하시며 비를 의로운 자와 불의한 자에게 내리우심이니라 ⁴⁶너희가 너희를 사랑하는 자를 사랑하면 무슨 상이 있으리요 세리도 이같이 아니하느냐 ⁴⁷또 너희가 너희 형제에게만 문안하면 남보다 더하는 것이 무엇이냐 이방인들도 이같이 아니하느냐 ⁴⁸그러므로 하늘에 계신 너희 아버지의 온전하심과 같이 너희도 온전하라

3. 지난 3일 동안 배운 바에 따라서, 여러분의 삶에 무기를 교환하는 이 언약의 표징을 적용할 수 있습니까? 그 이유와 방법을 설명하십시오.

## 제 4 일

우리의 적을 맡아 우리를 방어해 주시는 하나님을 모시고 있다는 것은 굉장한 것입니다. 그런데 우리는 그분의 적을 떠맡고 있습니까?

1. 요한복음 13장에서는 다락방에서 예수께서 제자들과 함께 가진 시간에 관한 이야기가 있습니다. 그것은 바로 예수께서 떡과 포도주를 가지사, 포도주를 자기 피로 세우는 새 언약이라고 부르신 그 시간이었습니다(마 26:26-28; 눅 22:17-20). 요한복음 15장은 시간적으로 요한복음 13장 뒤에 옵니다. 위의 상황에 비추어서 요한복음 15:12-25을 읽고 다음 질문에 답하십시오.

> 요한복음 15:12-25
>
> ¹²내 계명은 곧 내가 너희를 사랑한 것같이 너희도 서로 사랑하라 하는 이것이니라 ¹³사람이 친구를 위하여 자기 목숨을 버리면 이에서 더 큰 사랑이 없나니 ¹⁴너희가 나의 명하는 대로 행하면 곧 나의 친구라 ¹⁵이제부터는 너희를 종이라 하지 아니하리니 종은 주인의 하는 것을 알지 못함이라 너희를 친구라 하였노니 내가 내 아버지께 들은 것을 다 너희에게 알게 하였음이니라 ¹⁶너희가 나를 택한 것이 아니요 내가 너희를 택하여 세웠나니 이는 너희로 가서 과실을 맺게 하고 또 너희 과실이 항상 있게 하여 내 이름으로 아버지께 무엇을 구하든지 다 받게 하려 함이니라 ¹⁷내가 이것을 너희에게 명함은 너희로 서로 사랑하게 하려 함이로라 ¹⁸세상이 너희를 미워하면 너희보다 먼저 나를 미워한 줄을 알라 ¹⁹너희가 세상에 속하였으면 세상이 자기의 것을 사랑할 터이나 너희는 세상에 속한 자가 아니요 도리어 세상에서 나의 택함을 입은 자인 고로 세상이 너희를 미워하느니라 ²⁰내가 너희더러 종이 주인보다 더 크지 못하다 한 말을 기억하라 사람들이 나를 핍박하였은즉 너희도 핍박할 터이요 내 말을 지켰은즉 너희 말도 지킬 터이라

²¹그러나 사람들이 내 이름을 인하여 이 모든 일을 너희에게 하리니 이는 나 보내신 이를 알지 못함이니라 ²²내가 와서 저희에게 말하지 아니하였더면 죄가 없었으려니와 지금은 그 죄를 핑계할 수 없느니라 ²³나를 미워하는 자는 또 내 아버지를 미워하느니라 ²⁴내가 아무도 못한 일을 저희 중에서 하지 아니하였더면 저희가 죄 없었으려니와 지금은 저희가 나와 및 내 아버지를 보았고 또 미워하였도다 ²⁵그러나 이는 저희 율법에 기록된 바 저희가 연고 없이 나를 미워하였다 한 말을 응하게 하려 함이니라

a. 세상은 예수 그리스도에 대하여 어떻게 느낍니까? 왜 그렇습니까?

b. 우리가 하나님과 언약을 맺고 있으므로 세상에 대한 우리의 반응은 어떠해야 합니까?

2. 요한복음 15:12-25을 요한일서 2:15-17, 야고보서 4:1-4과 전후 참조하여 살펴보십시오. 이것이 어떻게 하나님께 대한 우리의 언약 의무에 관련되는지를 주목하면서 여러분이 통찰한 것을 쓰십시오.

요한일서 2:15-17

¹⁵이 세상이나 세상에 있는 것들을 사랑치 말라 누구든지 세상을 사랑하면 아버지의 사랑이 그 속에 있지 아니하니 ¹⁶이는 세상에 있는 모든 것이 육신의 정욕과 안목의 정욕과 이생의 자랑이니 다 아버지께로 좇아온 것이 아니요 세상으로 좇아온 것이라 ¹⁷이 세상도, 그 정욕도 지나가되 오직 하나님의 뜻을 행하는 이는 영원히 거하느니라

야고보서 4:1-4

¹너희 중에 싸움이 어디로, 다툼이 어디로 좇아 나느뇨 너희 지체 중에서 싸우는 정욕으로 좇아 난 것이 아니냐 ²너희가 욕심을 내어도 얻지 못하고 살인하며 시기하여도 능히 취하지 못하나니 너희가 다투고 싸우는도다 너희가 얻지 못함은 구하지 아니함이요 ³구하여도 받지 못함은 정욕으로 쓰려고 잘못 구함이니라 ⁴간음하는 여자들이여 세상과 벗된 것이 하나님의 원수임을 알지 못하느뇨 그런즉 누구든지 세상과 벗이 되고자 하는 자는 스스로 하나님과 원수 되게 하는 것이니라

3. 우리가 하나님의 원수편에 섬으로 말미암아 결국 하나님께 반역하는 죄를 범할 수 있는 몇 가지 구체적인 예를 열거해보십시오.

4. 하나님께서는 오늘 여러분에게 실제적으로 말씀하셨습니까? 여러분이 배운 바에 대하여 묵상할 시간을 갖지 않았다면, 지금 성경의 진리에 비추어서 여러분의 삶을 검토해 보고 하나님께서 여러분에게 보여 주신 것과 그에 비추어서 해야 할 구체적인 것들을 쓰십시오.

# 제 5 일

요나단이 세번째로 한 것은 다윗에게 띠를 준 것이었습니다. 벨트 혹은 허리띠는 갑옷의 일부였습니다. 이 띠는 무기를 제자리에 고정시키는 역할을 합니다. 띠는 사람의 힘을 상징하는 것입니다. 그러므로 허리띠를 교환하는 것은 언약을 맺는 상대방에게 자신의 힘을 준다는 것을 상징했습니다.

1. 이사야 40:31을 읽고 이 구절이 여기에서 어떻게 적용될 수 있는지를 쓰십시오.

   $^{31}$오직 여호와를 앙망하는 자는 새 힘을 얻으리니 독수리의 날개 치며 올라감 같을 것이요 달음박질하여도 곤비치 아니하겠고 걸어가도 피곤치 아니하리로다

2. 고린도후서 12:1-10을 읽으십시오.

   $^{1}$무익하나마 내가 부득불 자랑하노니 주의 환상과 계시를 말하리라 $^{2}$내가 그리스도 안에 있는 한 사람을 아노니 십사 년 전에 그가 셋째 하늘에 이끌려 간 자라 (그가 몸 안에 있었는지 몸 밖에 있었는지 나는 모르거니와 하나님은 아시느니라) $^{3}$내가 이런 사람을 아노니 (그가 몸 안에 있었는지 몸 밖에 있었는지 나는 모르거니와 하나님은 아시느니라) $^{4}$그가 낙원으로 이끌려 가서 말할 수 없는 말을 들었으니 사람이 가히 이르지 못할 말이로다 $^{5}$내가 이런 사람을 위하여 자랑하겠으나 나를 위하여는 약한 것들 외에

자랑치 아니하리라 ⁶내가 만일 자랑하고자 하여도 어리석은 자가 되지 아니할 것은 내가 참말을 함이라 그러나 누가 나를 보는 바와 내게 듣는 바에 지나치게 생각할까 두려워하여 그만 두노라 ⁷ 여러 계시를 받은 것이 지극히 크므로 너무 자고하지 않게 하시려고 내 육체에 가시 곧 사단의 사자를 주셨으니 이는 나를 쳐서 너무 자고하지 않게 하려 하심이니라 ⁸이것이 내게서 떠나기 위하여 내가 세 번 주께 간구하였더니 ⁹내게 이르시기를 내 은혜가 네게 족하도다 이는 내 능력이 약한 데서 온전하여짐이라 하신지라 이러므로 도리어 크게 기뻐함으로 나의 여러 약한 것들에 대하여 자랑하리니 이는 그리스도의 능력으로 내게 머물게 하려 함이라 ¹⁰그러므로 내가 그리스도를 위하여 약한 것들과 능욕과 궁핍과 핍박과 곤란을 기뻐하노니 이는 내가 약할 그 때에 곧 강함이니라

a. 이 구절이 우리 능력의 근원에 대하여 가르치는 바를 기록하십시오.

b. 이것은 놀라운 구절입니다. 주마간산 격으로 서둘러 읽지 마십시오. 어떻게 이 진리들을 예수 그리스도와 함께 하는 여러분의 현재 삶에 실제적으로 적용할 수 있겠습니까? 여러분의 답변을 써 보십시오.

3. 빌립보서 4:13을 읽으십시오. "능력주시는"(Strengthens)에 해당하는 헬라어를 찾아보십시오.

¹³내게 능력 주시는 자 안에서 내가 모든 것을 할 수 있느니라

이 구절에 관하여 여러분이 통찰한 바를 쓰십시오.

4. 이제 금주에 배운 모든 것을 생각하면서 디모데후서 4:6-18을 읽으십시오.

> ⁶관제와 같이 벌써 내가 부음이 되고 나의 떠날 기약이 가까왔도다 ⁷내가 선한 싸움을 싸우고 나의 달려갈 길을 마치고 믿음을 지켰으니 ⁸이제 후로는 나를 위하여 의의 면류관이 예비되었으므로 주 곧 의로우신 재판장이 그 날에 내게 주실 것이니 내게만 아니라 주의 나타나심을 사모하는 모든 자에게니라 ⁹너는 어서 속히 내게로 오라 ¹⁰데마는 이 세상을 사랑하여 나를 버리고 데살로니가로 갔고 그레스게는 갈라디아로, 디도는 달마디아로 갔고 ¹¹누가만 나와 함께 있느니라 네가 올 때에 마가를 데리고 오라 저가 나의 일에 유익하니라 ¹²두기고는 에베소로 보내었노라 ¹³네가 올 때에 내가 드로아 가보의 집에 둔 겉옷을 가지고 오고 또 책은 특별히 가죽 종이에 쓴 것을 가져오라 ¹⁴구리 장색 알렉산더가 내게 해를 많이 보였으매 주께서 그 행한 대로 저에게 갚으시리니 ¹⁵너도 저를 주의하라 저가 우리 말을 심히 대적하였느니라 ¹⁶내가 처음 변명할 때에 나와 함께 한 자가 하나도 없고 다 나를 버렸으나 저희에게 허물을 돌리지 않기를 원하노라 ¹⁷주께서 내 곁에 서서 나를 강건케 하심은 나로 말미암아 전도의 말씀이 온전히 전파되어 이방인으로 듣게 하심이니 내가 사자의 입에서 건지웠느니라 ¹⁸주께서 나를 모든 악한 일에서 건져내시고 또 그의 천국에 들어가도록 구원하시리니 그에게 영광이 세세 무궁토록 있을지어다 아멘

a. 이 말씀은 여러분에게 어떻게 적용됩니까?

b. 여러분은 혼자 외로이 지내야 했던 적이 있습니까? 어떻게 처리했습니까?

c. 여러분이 다시 혼자가 되어야 한다면 어떻게 하겠습니까?

5. 마지막 과제는 금주에 배운 것을 가지고 하나님의 뜻에 맞는 기도문을 쓰는 것입니다. 시작하기 전에 요한복음 15:7, 16을 찾아보십시오.

> 요한복음 15:7, 16
>
> [7]너희가 내 안에 거하고 내 말이 너희 안에 거하면 무엇이든지 원하는 대로 구하라 그리하면 이루리라
> [16]너희가 나를 택한 것이 아니요 내가 너희를 택하여 세웠나니 이는 너희로 가서 과실을 맺게 하고 또 너희 과실이 항상 있게 하여 내 이름으로 아버지께 무엇을 구하든지 다 받게 하려 함이니라

여러분, 연구가 점점 더 실제적으로 되지 않습니까? 주님의 능력을 힘입고 인내로 꾸준히 노력해서 여러분에게 주어진 경주를 끝내십시오. 여러분은 전쟁터에 있음을 기억하십시오. 원수는 여러분이 하나님의 말씀 안에 있기를 원치 않으며, 진리를 아는 것을 원치 않습니다. 왜냐하면 그것은 여러분을 자유케 하고 여러분을 하나님께로 구별되게 하는 진리이기 때문입니다. 그것은 믿음의 방패와 검이 되는 진리입니다(렘 8:6; 요 17:7; 엡 6:16-17). 여러분의 인내에 감사드립니다.

예레미야 8:6

6내가 귀를 기울여 들은즉 그들이 정직을 말하지 아니하며 그 악을 뉘우쳐서 나의 행한 것이 무엇인고 말하는 자가 없고 전장을 향하여 달리는 말같이 각각 그 길로 행하도다

요한복음 17:7

7지금 저희는 아버지께서 내게 주신 것이 다 아버지께로서 온 것인 줄 알았나이다

에베소서 6:16-17

16모든 것 위에 믿음의 방패를 가지고 이로써 능히 악한 자의 모든 화전을 소멸하고 17구원의 투구와 성령의 검 곧 하나님의 말씀을 가지라

*Note*

*Note*

#  제 4 과

## 제 1 일

 언약은 가볍게 맺어질 수 없는 것이었습니다. 전에도 언급했듯이 언약은 신성하고 구속력있는 협약입니다. 국제표준성경 대백과사전 (The International Standard Bible Encyclopedia)에서는 "언약의 불변성은 최소한 이론상으로는 모든 곳에서 당연히 받아들여지는 것 (속성)이다."[1]고 기술합니다.

 언약에 관하여 기술한 대다수의 저작물은 피흘리는 것이 여러 가지 언약 의식의 공통분모라는 점을 말해 주고 있습니다. 때로 흘려진 피는 언약을 맺는 두 사람의 피였으며, 반면에 다른 언약에서는 역시 한 마리 이상의 짐승의 제물이 포함되었습니다. 우리는 다음 주에 육체에 상처를 내는 행위의 상징적 의미를 살펴보겠습니다. 금주에는 짐승의 제물이 의미하는 바를 탐구해보고자 합니다.

---

1) George Ricker Berry, "Covenant in the Old Testament" The International Standard Bible Encyclopedia , 1956.

1. 언약을 세운다는 구약의 단어를 기억하십니까? 복습하면서 아래에 써보십시오. 쓰는 것은 기억하는 데 도움이 됩니다.
   a.                    b.

2. 이 두 단어는 무엇을 의미합니까? 그 정의를 쓰십시오.
   a.

   b.

3. 창세기 15장에서 하나님께서 아브라함과 언약을 맺으실 때, 아브라함은 짐승을 어떻게 했습니까? 기억이 나지 않는다면 창세기 15장을 읽고 답을 찾아보십시오.

4. 이 행위의 의미는 무엇이었습니까? 언약은 구속력이 있는 계약이었으므로 가볍게 맺어질 수 없는 것이었습니다. 제물로 희생된 쪼개놓은 소각들이 서로 마주보게 놓여진 후 언약을 맺는 두 사람은 죽음 가운데 걸어들어간다는 의미로 그 쪼개놓은 조각들 사이를 지나갔습니다. 죽음 가운데로 들어가는 이 행위는 자기 자신의 독립적인 삶에 대하여 죽는다는 의도의 선언이었습니다. 이제 그들은 항상 상대방을 깊이 고려하면서 살아야 했습니다.

5. 제물로 드려진 짐승의 조각 사이로 "죽음 속으로 걸어가기" 전이나 걸어가는 동안에 만일 그 언약이 어느 편에 의해서든 파기된다

면, 그들은 "제가 이 언약을 어기면 이 짐승에게 한 것과 같이 저에게도 해 주십시오."라는 하나님을 향한 부르짖음이 있다는 사실을 상호간에 약속하고 있습니다. 달리 말하면, "만일 제가 이 언약을 지키지 못하면, 이 짐승이 죽은 것과 같이 저도 죽게 하여 주옵소서."라고 하는 것입니다. 혹은 좀 더 간결하게 (나는 여러분이 이 점을 놓치지 않기를 바랍니다.), "하나님, 제가 이 언약을 어기면 저를 죽여 주십시오."라고 하는 것입니다.

6. 여러분은 아마 이러한 질문을 할 것입니다. "이것은 이교도의 변태적 언약협정에서나 발견되었던 행위인 것 같은데, 과연 그것이 성경의 원리였는가?" 대단히 좋은 질문입니다. 내일 이 질문에 대해 알아볼 것입니다.

7. 간단한 질문을 한 가지 하겠습니다. 여러분은 하나님께서 그의 자녀들이 그와 맺은 언약에 따라서 살지 않을 때 갑작스런 죽음을 당하게 하시리라고 생각합니까? 여러분의 답변에 대한 성경적 근거가 있습니까? 설명해 보십시오.

## 제 2 일

어제 마지막 부분에서 제가 여러분에게 드린 엄청난 질문을 기억하십니까? 그것에 대해 연구해 봅시다.

1. 이미 살펴본 요나단과 다윗으로부터 시작하겠습니다. 사울은 다윗을 죽이려고 했음을 기억하십시오. 그러나 요나단은 다윗과 언약을 맺었기 때문에, 다윗을 그의 원수로부터 보호해 줄 의무가 있었습니다. 사무엘상 20:16에서, 요나단이 다윗의 집과 언약을 맺는 것을 볼 수 있습니다. 바꾸어 말하면, 언약은 이제 두 개인을 넘어서 "집안" 혹은 자손 혹은 각각의 가족에게로 확대됩니다.

2. 사무엘상 20:13-17, 23, 42을 읽으십시오.

> [13]그러나 만일 내 부친이 너를 해하려 하거늘 내가 이 일을 네게 알게 하여 너를 보내어 평안히 가게 하지 아니하면 여호와께서 나 요나단에게 벌을 내리시고 또 내리시기를 원하노라 여호와께서 내 부친과 함께 하신 것같이 너와 함께 하시기를 원하노니 [14]너는 나의 사는 날 동안에 여호와의 인자를 내게 베풀어서 나로 죽지 않게 할 뿐 아니라 [15]여호와께서 너 다윗의 대적들을 지면에서 다 끊어 버리신 때에도 너는 네 인자를 내 집에서 영영히 끊어 버리지 말라 하고 [16]이에 요나단이 다윗의 집과 언약하기를 여호와께서는 다윗의 대적들을 치실지어다 하니라 [17]요나단이 다윗을 사랑하므로 그로 다시 맹세케 하였으니 이는 자기 생명을 사랑함같이 그를 사랑함이었더라 … [23]너와 내가 말한 일에 대하여는 여호와께서 너와 나 사이에 영영토록 계시느니라 … [42]요나단이 다윗에게 이르되 평안히 가라 우리 두 사람이 여호와의 이름으로 맹세하여 이르기를 여호와께서 영원히 나와 너 사이에 계시고 내 자손과 네 자손 사이에 계시리라 하였느니라 다윗은 일어나 떠나고 요나단은 성으로 들어오니라

a. 이 구절들 중 어떤 말씀이 다윗과 요나단의 언약이 그들의 집에까지 영향을 미치는지를 보여줍니까? 얼마나 오랜 기간동안 영향을 미칩니까?

b. 요나단은 만일 자신이 이 언약을 존중하지 아니할 경우 하나님께서 어떻게 하시기를 요청합니까? 근거가 되는 구절도 쓰십시오.

c. b의 답에서, 여러분은 하나님께서 그것을 요구하신다고 생각합니까?

3. 예레미야 34:17-22을 읽어 보십시오. 읽을 때에, 우리의 주제가 하나님과 맺는 엄숙한 언약임을 기억하십시오. 우리가 하나님과 맺은 언약을 깨뜨린다면, 하나님께서는 우리를 제 때가 되기 전에 죽게 하실까요? (이것은 많은 사람들이 이의를 제기하는 언약의 한 부분입니다. 그러나 우리는 하나님의 진리를 하나님께 대한 그릇된 생각이나, 합리화하고자 하는 우리들의 사고와 혼합해서는 안될 것입니다.)

a. 예레미야 34:17-22을 읽으십시오.

¹⁷그러므로 나 여호와가 이같이 말하노라 너희가 나를 듣지 아니하고 각기 형제와 이웃에게 자유를 선언한 것을 실행치 아니하였은즉 내가 너희에게 자유를 선언하여 너희를 칼과 염병과 기근에 붙이리라 나 여호와의 말이니라 내가 너희를 세계 열방 중에 흩어지게 할 것이며 ¹⁸송아지를 둘에 쪼개고 그 두 사이로 지나서 내 앞에 언약을 세우고 그 말을 실행치 아니하여 내 언약을 범한 너희를 ¹⁹곧 쪼갠 송아지 사이로 지난 유다 방백들과 예루살렘 방백들과 환관들과 제사장들과 이 땅 모든 백성을 ²⁰내가 너희 원수의 손과 너희 생명을 찾는 자의 손에 붙이리니 너희 시체가 공중의 새들과 땅 짐승의 식물이 될 것이며 ²¹또 내가 유다 왕 시드기야와 그 방백들을 그 원수의 손과 그 생명을 찾는 자의 손과 너희에게서 떠나간 바벨론 왕의 군대의 손에 붙이리라 ²²나 여호와가 말하노라 보라 내가 그들에게 명하여 이 성에 다시 오게 하리니 그들이 이 성을 쳐서 취하여 불사를 것이라 내가 유다 성읍들로 황무하여 거민이 없게 하리라

b. 이 구절에서 여러분이 배운 것과 우리가 언약에 대하여 연구하고 있는 것의 관계를 기록하십시오.

## 제 3 일

1. 첫 주에 여러분은 이스라엘 자손들이 애굽을 떠난 후 율법이라는 옛 언약을 맺는 것을 보았습니다. 이것은 그들이 돌판에 새겨진 십계명과 더불어 또 다른 많은 하나님의 명령을 받았던 장소인 시내산에서 일어났습니다. 출애굽기 24:7-8은 이렇게 말합니다.

> ⁷언약서를 가져 백성에게 낭독하여 들리매 그들이 가로되 여호와의 모든 말씀을 우리가 준행하리이다 ⁸모세가 그 피를 취하여 백성에게 뿌려 가로되 이는 여호와께서 이 모든 말씀에 대하여 너희와 세우신 언약의 피니라

2. 출애굽기 24:1-11을 다시 읽고 다음의 내용들이 나타난 구절들을 쓰십시오.

> 출애굽기 24:1-11
>
> ¹또 모세에게 이르시되 너는 아론과 나답과 아비후와 이스라엘 장로 칠십 인과 함께 여호와에게로 올라와 멀리서 경배하고 ²너 모세만 여호와에게 가까이 나아오고 그들은 가까이 나아오지 말며 백성은 너와 함께 올라오지 말지니라 ³모세가 와서 여호와의 모든 말씀과 그 모든 율례를 백성에게 고하매 그들이 한소리로 응답하여 가로되 여호와의 명하신 모든 말씀을 우리가 준행하리이다 ⁴모세가 여호와의 모든 말씀을 기록하고 이른 아침에 일어나 산 아래 단을 쌓고 이스라엘 십이 지파대로 열두 기둥을 세우고 ⁵이스라엘 자손의 청년들을 보내어 번제와 소로 화목제를 여호와께 드리게 하고 ⁶모세가 피를 취하여 반은 여러 양푼에 담고 반은 단에 뿌리고 ⁷언약서를 가져 백성에게 낭독하여 들리매 그들이 가로되 여호와의 모든 말씀을 우리가 준행하리이다 ⁸모세가 그 피를 취하여 백성에게 뿌려 가로되 이는 여호와께서 이 모든

말씀에 대하여 너희와 세우신 언약의 피니라 ⁹모세와 아론과 나답과 아비후와 이스라엘 장로 칠십 인이 올라가서 ¹⁰이스라엘 하나님을 보니 그 발 아래에는 청옥을 편 듯하고 하늘같이 청명하더라 ¹¹하나님이 이스라엘의 존귀한 자들에게 손을 대지 아니하셨고 그들은 하나님을 보고 먹고 마셨더라

출애굽기 24: _____ a. 단을 쌓고 열 두 기둥을 세운다.
출애굽기 24: _____ b. 제물을 준비한다.
출애굽기 24: _____ c. 제물의 피를 나눈다.
출애굽기 24: _____ d. 피를 백성에게 뿌린다.
출애굽기 24: _____ e. 하나님을 보고 먹고 마신다.
출애굽기 24: _____ f. 백성들이 언약을 준행한다고 동의한다.

3. 이 모든 것을 기억하고, 예레미야 22:1-9을 주의 깊게 읽고 다음 질문에 대하여 답하십시오.

   예레미야 22:1-9

   ¹여호와께서 이같이 말씀하시되 너는 유다 왕의 집에 내려가서 거기서 이를 선언하여 ²이르기를 다윗의 위에 앉은 유다 왕이여 너와 네 신하와 이 문들로 들어오는 네 백성은 여호와의 말씀을 들을지니라 ³여호와께서 이같이 말씀하시되 너희가 공평과 정의를 행하여 탈취당한 자를 압박하는 자의 손에서 건지고 이방인과 고아와 과부를 압제하거나 학대하지 말며 이 곳에서 무죄한 피를 흘리지 말라 ⁴너희가 참으로 이 말을 준행하면 다윗의 위에 앉을 왕들과 신하들과 백성이 병거와 말을 타고 이 집 문으로 들어오게 되리라마는 ⁵너희가 이 말을 듣지 아니하면 내가 나로 맹세하노니 이 집이 황무하리라 나 여호와의 말이니라 ⁶나 여호와가 유다 왕의 집에 대하여 이같이 말하노라 네가 내게 길르앗 같고 레바논의 꼭대기 같으나 내가 정녕히 너로 광야와 거민이 없는 성

을 만들 것이라 ⁷내가 너 파멸할 자를 준비하리니 그들이 각기 손에 병기를 가지고 네 아름다운 백향목을 찍어 불에 던지리라 ⁸여러 나라 사람이 이 성으로 지나며 피차 말하기를 여호와가 이 큰 성에 이같이 행함은 어찜인고 하겠고 ⁹대답하기는 이는 그들이 자기 하나님 여호와의 언약을 버리고 다른 신들에게 절하고 그를 섬긴 연고라 하리라 하셨다 할지니라

a. 그들은 무엇을 하라는 명령을 듣습니까? 간결하게 답하십시오. 하나님께서 말씀하신 바를 요약하십시오.

b. 이러한 것들은 율법과 일치합니까? (여러분이 출애굽기, 레위기, 혹은 신명기와 익숙하지 않다면 이 질문은 넘어가도 좋습니다.)

c. 그들이 율법을 준행할 경우, 하나님께서는 무엇을 약속하셨습니까?

d. 그들이 순종하지 않을 경우, 하나님께서는 무엇을 하실 것입니까?

e. 하나님께서는 그들에게 왜 이런 심판을 내리시려 합니까?

4. 오늘 살펴볼 마지막 구절입니다. 인내하십시오. 신명기는 이스라엘 자손들에게 두번째로 옛 언약인 율법의 규정들을 제시하는 성경입니다. 신명기 30:15-20을 읽고, 하나님의 언약을 깨뜨리는 자들에게 죽음을 초래할 수 있는 하나님의 권리에 관한 질문과 어떤 연관이 있으면 기록하십시오.

신명기 30:15-20

15보라 내가 오늘날 생명과 복과 사망과 화를 네 앞에 두었나니 16곧 내가 오늘날 너를 명하여 네 하나님 여호와를 사랑하고 그 모든 길로 행하며 그 명령과 규례와 법도를 지키라 하는 것이라 그리하면 네가 생존하며 번성할 것이요 또 네 하나님 여호와께서 네가 가서 얻을 땅에서 네게 복을 주실 것임이니라 17그러나 네가 만일 마음을 돌이켜 듣지 아니하고 유혹을 받아서 다른 신들에게 절하고 그를 섬기면 18내가 오늘날 너희에게 선언하노니 너희가 반드시 망할 것이라 너희가 요단을 건너가서 얻어 기업할 땅에서 너희의 날이 장구치 못할 것이니라 19내가 오늘날 천지를 불러서 너희에게 증거를 삼노라 내가 생명과 사망과 복과 저주를 네 앞에 두었은즉 너와 네 자손이 살기 위하여 생명을 택하고 20네 하나님 여호와를 사랑하고 그 말씀을 순종하며 또 그에게 부종하라 그는 네 생명이시요 네 장수시니 여호와께서 네 열조 아브라함과 이삭과 야곱에게 주리라고 맹세하신 땅에 네가 거하리라

## 제 4 일

어제의 질문을 염두에 두고, 오늘은 몇몇 중요한 신약의 구절들을 살펴보고자 합니다.

1. 1과에서 우리는 예수 그리스도께서 제자들과 함께 마지막 유월절을 지키실 때 자기 피로 새 언약을 세우신 것을 보았습니다. 다시 마태복음 26:26-28을 읽고 떡이 의미하는 바와, 포도주가 의미하는 바를 기록하십시오.

> 마태복음 26:26-28
>
> [26]저희가 먹을 때에 예수께서 떡을 가지사 축복하시고 떼어 제자들을 주시며 가라사대 받아 먹으라 이것이 내 몸이니라 하시고 [27]또 잔을 가지사 사례하시고 저희에게 주시며 가라사대 너희가 다 이것을 마시라 [28]이것은 죄 사함을 얻게 하려고 많은 사람을 위하여 흘리는 바 나의 피 곧 언약의 피니라

2. 마태복음 26:26-28과 고린도전서 11:18-34을 대조해보십시오. 반복하지 않기 위해서 먼저 다음의 질문들을 모두 읽으십시오.

> 고린도전서 11:18-34
>
> [18]첫째는 너희가 교회에 모일 때에 너희 중에 분쟁이 있다 함을 듣고 대강 믿노니 [19]너희 중에 편당이 있어야 너희 중에 옳다 인정함을 받은 자들이 나타나게 되리라 [20]그런즉 너희가 함께 모여서 주의 만찬을 먹을 수 없으니 [21]이는 먹을 때에 각각 자기의 만찬을 먼저 갖다 먹으므로 어떤 이는 시장하고 어떤 이는 취함이라 [22]너희가 먹고 마실 집이 없느냐 너희가 하나님의 교회를 업신

여기고 빈궁한 자들을 부끄럽게 하느냐 내가 너희에게 무슨 말을 하랴 너희를 칭찬하랴 이것으로 칭찬하지 않노라 [23]내가 너희에게 전한 것은 주께 받은 것이니 곧 주 예수께서 잡히시던 밤에 떡을 가지사 [24]축사하시고 떼어 가라사대 이것은 너희를 위하는 내 몸이니 이것을 행하여 나를 기념하라 하시고 [25]식후에 또한 이와 같이 잔을 가지시고 가라사대 이 잔은 내 피로 세운 새 언약이니 이것을 행하여 마실 때마다 나를 기념하라 하셨으니 [26]너희가 이 떡을 먹으며 이 잔을 마실 때마다 주의 죽으심을 오실 때까지 전하는 것이니라 [27]그러므로 누구든지 주의 떡이나 잔을 합당치 않게 먹고 마시는 자는 주의 몸과 피를 범하는 죄가 있느니라 [28]사람이 자기를 살피고 그 후에야 이 떡을 먹고 이 잔을 마실지니 [29]주의 몸을 분변치 못하고 먹고 마시는 자는 자기의 죄를 먹고 마시는 것이니라 [30]이러므로 너희 중에 약한 자와 병든 자가 많고 잠자는 자도 적지 아니하니 [31]우리가 우리를 살폈으면 판단을 받지 아니하려니와 [32]우리가 판단을 받는 것은 주께 징계를 받는 것이니 이는 우리로 세상과 함께 죄 정함을 받지 않게 하려 하심이라 [33]그런즉 내 형제들아 먹으러 모일 때에 서로 기다리라 [34]만일 누구든지 시장하거든 집에서 먹을지니 이는 너희의 판단받는 모임이 되지 않게 하려 함이라 그 남은 것은 내가 언제든지 갈 때에 귀정하리라

a. 고린도전서 11:18-34을 주의 깊게 읽고 바울이 다루고 있는 전반적인 문제를 요약하십시오.

b. 주의 만찬을 먹는 것에 관한 가르침은 무엇입니까?
그들이 떡과 잔을 먹기 전에 해야 할 일은 무엇입니까? 이 질문

에 답할 때, 그들이 그렇게 해야만 하는 이유를 설명하십시오.

c. 고린도전서 11:30에 따라서, 주의 만찬을 먹기 전에 자기를 살피지 않은 자들에게 일어나는 일을 쓰십시오.

d. 잠은 무엇을 가리킵니까? 그들은 (교회에서 코를 고는 것 같은) 잠을 잘 것입니까? 이에 관하여 도움이 필요하면, 사도행전 7장을 문맥 속에서 살펴보고, 데살로니가전서 4:13-15도 살펴보십시오.

데살로니가전서 4 :13-15

13형제들아 자는 자들에 관하여는 너희가 알지 못함을 우리가 원치 아니하노니 이는 소망 없는 다른 이와 같이 슬퍼하지 않게 하려 함이라 14우리가 예수의 죽었다가 다시 사심을 믿을진대 이와 같이 예수 안에서 자는 자들도 하나님이 저와 함께 데리고 오시리라 15우리가 주의 말씀으로 너희에게 이것을 말하노니 주 강림하실 때까지 우리 살아 남아 있는 자도 자는 자보다 결단코 앞서지 못하리라

e. 이 구절은 우리가 언약에 대하여 연구하고 있는 바와 어떤 연관이 있습니까?

# 제 5 일

1. 오늘은 그리스도인이 하나님의 언약을 파기함으로써 미리 죽게 될 가능성에 대하여 몇몇 다른 참고 구절들을 살펴보기 원합니다. 각 구절들을 찾아보고 관찰한 바를 기록하십시오.

    a. 히브리서 12:9

    ⁹또 우리 육체의 아버지가 우리를 징계하여도 공경하였거늘 하물며 모든 영의 아버지께 더욱 복종하여 살려 하지 않겠느냐

    b. 야고보서 5:19-20

    ¹⁹내 형제들아 너희 중에 미혹하여 진리를 떠난 자를 누가 돌아서게 하면 ²⁰너희가 알 것은 죄인을 미혹한 길에서 돌아서게 하는 자가 그 영혼을 사망에서 구원하며 허다한 죄를 덮을 것이니라

    c. 요한일서 5:16

    ¹⁶누구든지 형제가 사망에 이르지 아니한 죄 범하는 것을 보거든 구하라 그러면 사망에 이르지 아니하는 범죄자들을 위하여 저에게 생명을 주시리라 사망에 이르는 죄가 있으니 이에 대하여 나는 구하라 하지 않노라

    d. 전도서 7:17

    ¹⁷지나치게 악인이 되지 말며 우매자도 되지 말라 어찌하여 기한 전에 죽으려느냐

2. 새 언약의 기쁜 소식인 복음은 단지 믿어야 하는 것입니까? 아니면 믿음은 순종을 포함합니까?

   a. An Expository Dictionary of New Testament Words를 가지고 있으면, "믿다"(believe)를 찾아보고 배운 바를 쓰십시오.

   b. 다음 구절들을 살펴보고 믿음과 순종 사이에 어떤 관계가 있는지 쓰십시오.

   1) 로마서 1:5

   ⁵그로 말미암아 우리가 은혜와 사도의 직분을 받아 그 이름을 위하여 모든 이방인 중에서 믿어 순종케 하나니

   2) 로마서 16:26

   ²⁶이제는 나타내신 바 되었으며 영원하신 하나님의 명을 좇아 선지자들의 글로 말미암아 모든 민족으로 믿어 순종케 하시려고 알게 하신 바 그 비밀의 계시를 좇아 된 것이니 이 복음으로 너희를 능히 견고케 하실

   3) 사도행전 6:7

   ⁷하나님의 말씀이 점점 왕성하여 예루살렘에 있는 제자의 수가 더 심히 많아지고 허다한 제사장의 무리도 이 도에 복종하니라

4) 데살로니가후서 1:8

> ⁸하나님을 모르는 자들과 우리 주 예수의 복음을 복종치 않는 자들에게 형벌을 주시리니

3. 이제, 여러분이 하나님의 말씀에서 배우고 관찰한 모든 것에 비추어 볼 때, 여러분은 하나님께서 주 예수 그리스도에 대한 언약을 깨뜨린 신자에게 때이른 죽음을 초래할 수도 있다는 것을 믿습니까? 여러분의 대답이 무엇이든간에 그것을 성경적으로 설명하십시오. 왜냐하면 하나님의 말씀은 우리의 표준이며 다림줄이기 때문입니다.

4. 혹시 이 모든 것들로 인해 여러분의 마음 속에 제기되는 문제나 의문들이 있습니까? 있다면 솔직하게 그것을 써보십시오. 그것은 토론시간이나 강의시간에 다루어질 수 있을 것입니다.

*Note*

*Note*

## 제 5 과

### 제 1 일

 지난 주에 죽음 속으로 들어가는 것 - 짐승의 살 조각, 즉 쪼개놓은 희생제물 사이를 지나가는 것 - 에 대하여 설명한 것을 기억하십니까? 거기에서부터 금주의 연구를 시작하겠습니다.
 이미 본 바와 같이, 히브리 단어 "beriyth"(베리트)는 "살 조각 사이를 지나감으로 맺어지는 언약 혹은 협정"입니다.
 실제로 살 조각 사이를 지나감으로 맺어진 언약이 처음으로 언급되고 예증되는 것은 창세기 15장에서 하나님께서 아브라함과 맺은 언약입니다. 살 조각 사이를 지나는 행위에 대한 유일한 참조 구절은 예레미야 34:18-19입니다. 우리는 이미 이 두 구절들을 살펴보았지만, 창세기 15장을 다시 살펴볼 필요가 있습니다.

1. 창세기 15:1-21을 다시 한 번 읽으십시오(14면). 이 과정을 한 번 마치면 분명코 여러분은 그 장의 내용을 잊지 못할 것입니다! 저는 언약을 공부한 뒤 그 장이 진정으로 매우 스릴 넘치는 장이 되

었습니다. 여러분, 우리가 이 언약 안에 함께 있습니다. 얼마나 감격스럽습니까!

2. 아브람(그의 이름은 아직 아브라함으로 변화되지 않았습니다.)은 하나님께로부터 그가 큰 민족을 이루고 그 이름이 창대케 되며 그가 복의 근원이 되리라는 말씀을 듣습니다(창 12:1-3). 그러나 그의 아내 사래는 여전히 아이를 낳지 못합니다. 창세기 15장에 의하면, 아브람이 하나님과 그의 무자함에 대해 이야기할 때 제안하는 대안은 무엇입니까?

3. 아브람의 제안에 대한 하나님의 반응은 어떻습니까?

4. 창세기 15:6에서 아브람이 하나님의 약속을 들었을 때 여호와를 믿었다고 했습니다. "믿는다"는 히브리 단어는 믿는 이에게 자신을 절대적으로 헌신한다는 뜻을 가지고 있습니다.

   a. 창세기 15:6에 의하면, 아브람이 여호와를 믿을 때 여호와께서는 어떻게 하셨습니까?

   b. 창세기 15:6과 신약에서 중요한 두 성구를 관주로 찾아봅시다. 갈라디아서 3:6-9과 로마서 4:1-3을 읽으십시오. 로마서와 갈라디아서의 기본적인 주제를 이해하지 못하고 있다면 이 두 성구의 함축된 뜻을 올바로 이해할 수 없을 것입니다. 그렇다고

해서 걱정하지는 마십시오. 후에 아브라함의 언약, 옛 언약, 새 언약이 어떻게 사람을 그리스도께 인도하는 데 도움이 되는지 살펴볼 때 자세하게 설명하겠습니다. 지금은 여러분이 신약관주들에 익숙해지기만을 바랍니다.

갈라디아서 3:6-9

⁶아브라함이 하나님을 믿으매 이것을 그에게 의로 정하셨다 함과 같으니라 ⁷그런즉 믿음으로 말미암은 자들은 아브라함의 아들인 줄 알지어다 ⁸또 하나님이 이방을 믿음으로 말미암아 의로 정하실 것을 성경이 미리 알고 먼저 아브라함에게 복음을 전하되 모든 이방이 너를 인하여 복을 받으리라 하였으니 ⁹그러므로 믿음으로 말미암은 자는 믿음이 있는 아브라함과 함께 복을 받느니라

로마서 4:1-3

¹그런즉 육신으로 우리 조상 된 아브라함이 무엇을 얻었다 하리요 ²만일 아브라함이 행위로써 의롭다 하심을 얻었으면 자랑할 것이 있으려니와 하나님 앞에서는 없느니라 ³성경이 무엇을 말하느뇨 아브라함이 하나님을 믿으매 이것이 저에게 의로 여기신 바 되었느니라

1) 갈라디아서 3:8에 의하면, 먼저 아브람에게 무슨 내용이 전달됩니까?

2) 갈라디아서 3:9에서 아브람은 어떻게 불립니까?

5. 창세기 15장, 갈라디아서 3장 그리고 로마서 4장의 이러한 성구들에 의하면, 이것이 바로 아브람이 의롭게 된 - 의롭다고 선포된 - 그리고 믿는 자가 된 때입니다. 하나님께서는 그에게 씨를(자손을) 약속하셨습니다. 그리고나서 아브람과 언약을 맺으십니다. 어떻게 맺으십니까?

   a. 창세기 15:9-10에 의하면, 아브람은 어떠한 명령을 받습니까?

   > ⁹여호와께서 그에게 이르시되 나를 위하여 삼 년 된 암소와 삼 년 된 암염소와 삼 년 된 숫양과 산비둘기와 집비둘기 새끼를 취할지니라 ¹⁰아브람이 그 모든 것을 취하여 그 중간을 쪼개고 그 쪼갠 것을 마주 대하여 놓고 그 새는 쪼개지 아니하였으며

   b. 창세기 15장에 의하면, 누가 혹은 무엇이 그 쪼갠 조각 사이를 지나갑니까?

   c. 여러분은 이러한 것들이 누구를 혹은 무엇을 나타낸다고 생각합니까?


이것이 오늘의 과제입니다. 여러분, 이 모든 것들이 어떻게 맞아 들어갈 것인가 의아해 하며 머리를 긁적이고 계십니까? 이해합니다. 그러나 좌절이나 실망은 금물입니다. 곧 정리될 것이며, 여러분은 대단히 흥분하게 될 것입니다!

즐거운 하루를 지내시기 바랍니다. 만일 여러분이 하루 동안에 일주일의 과제를 모두 다 하고 있다면 즐겁고 풍요롭게 연구하는 하루

를 보내십시오. 한 번에 하루 분량의 과제만 하는 것이 묵상할 시간적 여유를 주기 때문에 가장 바람직하지만 만일 그렇게 할 수 없다하더라도 죄책감을 갖지 마시기 바랍니다. 저는 이해합니다. 어떻게 과제를 하든 간에 다만 끝까지 인내하며 해 나가기를 바랍니다.

## 제 2 일

  살 조각 사이를 지나가는 것에 대하여 연구하면서, 하나님께서 아브라함에게 자신의 불변하는 언약을 세우실 때 그 조각 사이를 지나신 분은 바로 하나님이셨다는 것을 말씀드렸습니다. "그러나 아버지여, 언약을 맺을 때는 양편 모두 죽음 속으로 걸어들어 갔는데 그렇다면 우리는 언제 그 조각 사이를 지나야 합니까?"
  다음은 하나님께서 제게 보여 주신 것입니다. 여러분이 직접 연구한 후에 이것에 대하여 살펴보고, 그것이 과연 성경적인지 생각해 보십시오.

1. 우리가 사실로 받아들이고 있는 것부터 시작해 봅시다. 우리는 함께 변론할 것입니다. 말라기 3:1에서 우리는 예수님이 언약의 사자임을 압니다. 또한 새 언약의 피란 바로 그의 피를 가리키는 것도 알고 있습니다. 예수는 우리 죄를 위한 희생제물이었습니다.

   말라기 3:1

   ¹만군의 여호와가 이르노라 보라 내가 내 사자를 보내니 그가 내 앞에서 길을 예비할 것이요 또 너희의 구하는 바 주가 홀연히 그 전에 임하리니 곧 너희의 사모하는 바 언약의 사자가 임할 것이라

2. 요한복음 1:29, 36을 읽고, 세례 요한이 예수를 어떻게 언급하고 있는지 쓰십시오.

> 요한복음 1:29, 36
>
> 29이튿날 요한이 예수께서 자기에게 나아오심을 보고 가로되 보라 세상 죄를 지고 가는 하나님의 어린 양이로다
> 36예수의 다니심을 보고 말하되 보라 하나님의 어린 양이로다

3. 고린도전서 5:7을 읽으십시오. 이 구절에서는 그리스도를 어떻게 언급하고 있습니까?

> 고린도전서 5:7
>
> 7너희는 누룩 없는 자인데 새 덩어리가 되기 위하여 묵은 누룩을 내어 버리라 우리의 유월절 양 곧 그리스도께서 희생이 되셨느니라

4. 예수께서 제자들에게 자기의 몸과 새 언약의 피를 상징하는 떡과 잔을 먹고 마시게 함으로 새 언약을 세우신 때는 언제입니까? 마태복음 26:17-29과 누가복음 22:7을 읽고 질문에 답하십시오.

> 마태복음 26:17-29
>
> 17무교절의 첫날에 제자들이 예수께 나아와서 가로되 유월절 잡수실 것을 우리가 어디서 예비하기를 원하시나이까 18가라사대 성 안 아무에게 가서 이르되 선생님 말씀이 내 때가 가까왔으니 내 제자들과 함께 유월절을 네 집에서 지키겠다 하시더라 하라 하신대 19제자들이 예수의 시키신 대로 하여 유월절을 예비하였

더라 ²⁰저물 때에 예수께서 열두 제자와 함께 앉으셨더니 ²¹저희가 먹을 때에 이르시되 내가 진실로 너희에게 이르노니 너희 중에 한 사람이 나를 팔리라 하시니 ²²저희가 심히 근심하여 각각 여짜오되 주여 내니이까 ²³대답하여 가라사대 나와 함께 그릇에 손을 넣는 그가 나를 팔리라 ²⁴인자는 자기에게 대하여 기록된 대로 가거니와 인자를 파는 그 사람에게는 화가 있으리로다 그 사람은 차라리 나지 아니하였더면 제게 좋을 뻔하였느니라 ²⁵예수를 파는 유다가 대답하여 가로되 랍비여 내니이까 대답하시되 네가 말하였도다 하시니라 ²⁶저희가 먹을 때에 예수께서 떡을 가지사 축복하시고 떼어 제자들을 주시며 가라사대 받아 먹으라 이것이 내 몸이니라 하시고 ²⁷또 잔을 가지사 사례하시고 저희에게 주시며 가라사대 너희가 다 이것을 마시라 ²⁸이것은 죄 사함을 얻게 하려고 많은 사람을 위하여 흘리는 바 나의 피 곧 언약의 피니라 ²⁹그러나 너희에게 이르노니 내가 포도나무에서 난 것을 이제부터 내 아버지의 나라에서 새 것으로 너희와 함께 마시는 날까지 마시지 아니하리라 하시니라

누가복음 22:7

⁷유월절 양을 잡을 무교절일이 이른지라

5. 예수께서 유월절 잔치 때에 돌아가셨습니다. 그가 영혼이 떠나 숨졌을 때, 성소에서는 주목할만할 일이 발생했습니다. 마태복음 27:45-51을 읽으면서 이 구절의 문맥을 관찰해 보고 성소에서 무슨 일이 일어났는지를 쓰십시오.

마태복음 27:45-51

⁴⁵제 육 시로부터 온 땅에 어두움이 임하여 제 구 시까지 계속하더니 ⁴⁶제 구 시 즈음에 예수께서 크게 소리질러 가라사대 엘리

엘리 라마 사박다니 하시니 이는 곧 나의 하나님, 나의 하나님,
어찌하여 나를 버리셨나이까 하는 뜻이라 $^{47}$거기 섰던 자 중 어떤
이들이 듣고 가로되 이 사람이 엘리야를 부른다 하고 $^{48}$그 중에
한 사람이 곧 달려가서 해융을 가지고 신 포도주를 머금게 하여
갈대에 꿰어 마시우거늘 $^{49}$그 남은 사람들이 가로되 가만 두어라
엘리야가 와서 저를 구원하나 보자 하더라 $^{50}$예수께서 다시 크게
소리지르시고 영혼이 떠나시다 $^{51}$이에 성소 휘장이 위로부터 아
래까지 찢어져 둘이 되고 땅이 진동하며 바위가 터지고

6. 다음은 장막에 대한 대체적인 그림입니다. 그림을 주의깊게 연구
하십시오. 휘장을 찾아보십시오. 내일 그 모든 것의 의미를 살펴
볼 것입니다. 오늘은 지난 이틀 동안 여러분이 연구했던 모든 것을
묵상하십시오. 그리고 그에 관하여 하나님께 기도하십시오.

광야의 장막

# 제 3 일

1. 우리가 어제 말씀에서 본 것들을 복습하면서 오늘의 연구를 시작하겠습니다.

    a. 세례 요한은 예수를 가리켜 어떻게 말했습니까?

    b. 고린도전서 5:7에 의하면 유월절과 예수님은 어떤 관계가 있습니까?

    c. 언약을 맺을 때, 양편에서는 무엇을 지나가야 했습니까?

2. 이제 요한복음 14:6을 읽고 이 구절을 고려하여 사람이 어떻게 하나님께 나아오는지를 쓰십시오.

    요한복음 14:6

    6예수께서 가라사대 내가 곧 길이요 진리요 생명이니 나로 말미암지 않고는 아버지께로 올 자가 없느니라

3. 장막 그림을 보십시오. 지성소의 법궤(언약궤)는 하나님의 보좌를 의미했습니다. 히브리서 8:1-5에 의하면, 장막은 하늘에 있는 하

나님의 실제 성소의 모형에 따라 만들어진 것이었습니다. 오직 속죄일에만 제사장이 지성소에 들어가서 제물의 피를 법궤(언약궤)의 속죄소에 놓을 수 있었습니다. 그들은 직접 하나님이 계신 지성소에 나아갈 수 없었습니다. 왜냐하면 휘장이 가로놓여 있었기 때문입니다.

> 히브리서 8:1-5
>
> ¹이제 하는 말의 중요한 것은 이러한 대제사장이 우리에게 있는 것이라 그가 하늘에서 위엄의 보좌 우편에 앉으셨으니 ²성소와 참 장막에 부리는 자라 이 장막은 주께서 베푸신 것이요 사람이 한 것이 아니니라 ³대제사장마다 예물과 제사드림을 위하여 세운 자니 이러므로 저도 무슨 드릴 것이 있어야 할지니라 ⁴예수께서 만일 땅에 계셨더면 제사장이 되지 아니하셨을 것이니 이는 율법을 좇아 예물을 드리는 제사장이 있음이라 ⁵저희가 섬기는 것은 하늘에 있는 것의 모형과 그림자라 모세가 장막을 지으려 할 때에 지시하심을 얻음과 같으니 가라사대 삼가 모든 것을 산에서 네게 보이던 본을 좇아 지으라 하셨느니라

4. 마태복음 27:51을 한 번 더 읽고 예수께서 갈보리에서 돌아가셨을 때 그 휘장에 무슨 일이 있었는지를 쓰십시오.

5. 하나님께서 휘장을 위로부터 아래까지 찢어 둘로 만드셨을 때 무슨 말씀을 하셨다고 생각합니까? 히브리서 10:19-20을 읽으십시오. 그것을 깊이 생각해 보고 여러분이 통찰한 바를 쓰십시오.

히브리서 10:19-20

¹⁹그러므로 형제들아 우리가 예수의 피를 힘입어 성소에 들어갈 담력을 얻었나니 ²⁰그 길은 우리를 위하여 휘장 가운데로 열어 놓으신 새롭고 산 길이요 휘장은 곧 저의 육체니라

6. 언약 관계에서 우리는 언제 조각 사이를 지납니까? 주 예수 그리스도를 믿을 때, 즉 우리 자신을 온전히 그분께 헌신할 때라고 믿습니다. 유월절 어린 양이신 예수께서는 둘로 쪼개진 자기 육체의 휘장을 통하여 여러분을 위한 언약의 희생제물이 되셨습니다. 그분이 거기에 매달려 계십니다. 여러분은 그분을 보십니까? 믿습니까? 언약을 맺을 준비가 되어 있습니까? 그것이 엄숙하고 구속력이 있는 협정임을 깨달았습니까? 여러분의 독립적인 삶의 방식에 대하여 기꺼이 죽기를 원합니까?

여러분은 기꺼이 예수의 옷을 입기 원합니까? 그와 같이 되기 원합니까? 여러분의 힘을 그분께 드리고 그를 위하여 살고자 합니까? 그분의 원수들에 대항하여 싸우겠습니까? 그분을 위하여, 복음을 위하여 여러분의 생명을 기꺼이 내어놓겠습니까?

여러분이여, 바로 그것이 언약의 전부입니다.

## 제 4 일 - 제 5 일

이틀 동안 "죽음으로 들어간다"는 것에 대하여 좀 더 알아보고자 합니다. 그것은 여러분 자신의 독립적 삶의 스타일에 대하여 기꺼이 죽고, 이제는 언약을 맺는 상대를 위하여 기꺼이 사는 것을 의미함을 기억하십시오.

여러분이 할 과제는 간단합니다. 아래의 각 구절을 읽어보고 그 옆에 그 구절이 우리에게 어떻게 자아의 죽음을 요청하는지, 그리고 다른 어떤 관계보다도 언약 상대인 예수 그리스도를 최고의 위치에 모시는 헌신을 하도록 하는지를 써보십시오.

어떤 구절은 중언부언하는 것처럼 보일지 모르지만, 그렇지 않습니다. 각 구절들을 주의 깊게 관찰하면 여러 가지 중요한 차이점을 분별하게 될 것입니다.

1. 마태복음 10:34-39

> [34]내가 세상에 화평을 주러 온 줄로 생각지 말라 화평이 아니요 검을 주러 왔노라 [35]내가 온 것은 사람이 그 아비와, 딸이 어미와, 며느리가 시어미와 불화하게 하려 함이니 [36]사람의 원수가 자기 집안 식구라 [37]아비나 어미를 나보다 더 사랑하는 자는 내게 합당치 아니하고 아들이나 딸을 나보다 더 사랑하는 자도 내게 합당치 아니하니라 [38]또 자기 십자가를 지고 나를 좇지 않는 자도 내게 합당치 아니하니라 [39]자기 목숨을 얻는 자는 잃을 것이요 나를 위하여 자기 목숨을 잃는 자는 얻으리라

2. 마가복음 8:34-38

   ³⁴무리와 제자들을 불러 이르시되 아무든지 나를 따라오려거든 자기를 부인하고 자기 십자가를 지고 나를 좇을 것이니라 ³⁵누구든지 제 목숨을 구원코자 하면 잃을 것이요 누구든지 나와 복음을 위하여 제 목숨을 잃으면 구원하리라 ³⁶사람이 만일 온 천하를 얻고도 제 목숨을 잃으면 무엇이 유익하리요 ³⁷사람이 무엇을 주고 제 목숨을 바꾸겠느냐 ³⁸누구든지 이 음란하고 죄 많은 세대에서 나와 내 말을 부끄러워하면 인자도 아버지의 영광으로 거룩한 천사들과 함께 올 때에 그 사람을 부끄러워하리라


3. 누가복음 14:25-27

   ²⁵허다한 무리가 함께 갈새 예수께서 돌이키사 이르시되 ²⁶무릇 내게 오는 자가 자기 부모와 처자와 형제와 자매와 및 자기 목숨까지 미워하지 아니하면 능히 나의 제자가 되지 못하고 ²⁷누구든지 자기 십자가를 지고 나를 좇지 않는 자도 능히 나의 제자가 되지 못하리라


4. 갈라디아서 2:20

   ²⁰내가 그리스도와 함께 십자가에 못 박혔나니 그런즉 이제는 내가 산 것이 아니요 오직 내 안에 그리스도께서 사신 것이라 이제 내가 육체 가운데 사는 것은 나를 사랑하사 나를 위하여 자기 몸을 버리신 하나님의 아들을 믿는 믿음 안에서 사는 것이라

지금까지 연구한 바에 따르면 언약 상대로서의 예수 그리스도께 대한 여러분의 헌신 정도는 어떻게 평가됩니까? 부족한 부분이 있다면 그것을 써 보십시오. 예를 들어, 여러분은 예수님을 사랑하기보다도 여러분의 배우자, 직업, 혹은 여러분의 생명을 더 사랑하고 있는지 모릅니다. 그렇다면, 그것을 쓰십시오.

*Note*

*Note*

# 제 6 과

## 제 1 일

　때때로 언약을 맺는 당사자들이 피를 혼합함으로써 그들이 피를 나눈 형제가 되었음을 나타내는 의식이 있었습니다. 이것은 여러 가지 방법으로 할 수 있었습니다. 몸의 어느 부분을 째서 피를 교환하는 방법과, 피를 내어 다른 액체가 든 잔에 그 피를 약간 넣어 같은 잔을 서로 나누어 마시는 방법이 있었습니다. 오늘은 그 첫번째 방법을 살펴볼 것입니다.

　제가 하고자 하는 것은 여러분에게 그러한 행위의 의미를 보여 주고, 또한 성경적으로 내포된 의미를 살펴보게 하고, 오늘의 연구를 끝마칠 때쯤에는 다양한 문화권에서 이것이 시행된 여러 가지 방법에 대한 기록을 제공하는 것입니다.

　언약을 맺는 당사자들이 서로 마주 보고 서서 자기들의 살을 벨 때는 주로 팔이나 손의 어느 부분을 벱니다. 이것은 하나님의 오른손, 곧 그의 팔은 능력의 표징이었기 때문에 매우 중요하다고 생각합니다. 이사야 62:8에서는 "여호와께서 그 오른 손, 그 능력의 팔로 맹세하시되…"라고 말합니다. 이것은 조금 후에 우리가 살펴볼 주 예수 그리스도의 경우에도 똑같이 중요합니다. 그들이 살을 째서 피를 혼합했을 때 그것은 언약의 본질인 '둘이 하나가 됨'을 상징했습니다.

이 모든 것을 한데 묶어 주는 데 도움이 되는 성구 몇 구절을 살펴봅시다.

1. 언약을 맺을 때 팔에 상처를 내는 행위의 의미에 관하여 이사야 62:8을 찾아 보고 하나님께서 어떻게 그의 언약 백성에게 약속으로 맹세하시는가를 쓰십시오.

   이사야 62:8
   
   8여호와께서 그 오른손, 그 능력의 팔로 맹세하시되 내가 다시는 네 곡식을 네 원수들에게 식물로 주지 아니하겠고 너의 수고하여 얻은 포도주를 이방인으로 마시지 않게 할 것인즉

2. 예수께서는 단순히 언약의 희생 제물인 어린양이었을 뿐만 아니라, 새언약의 사자였습니다. 그의 몸에 언약의 상처가 났습니까? 다음 성구들을 읽고 관찰한 바를 쓰십시오.

   a. 시편 22편은 예수님이 십자가에 못박히는 사실에 대한 예언입니다. 시편 22:16에서 무엇을 보십니까?
   
   16개들이 나를 에워쌌으며 악한 무리가 나를 둘러 내 수족을 찔렀나이다

b. 요한복음 20:24-27

²⁴열두 제자 중에 하나인 디두모라 하는 도마는 예수 오셨을 때에 함께 있지 아니한지라 ²⁵다른 제자들이 그에게 이르되 우리가 주를 보았노라 하니 도마가 가로되 내가 그 손의 못자국을 보며 내 손가락을 그 못자국에 넣으며 내 손을 그 옆구리에 넣어 보지 않고는 믿지 아니하겠노라 하니라 ²⁶여드레를 지나서 제자들이 다시 집 안에 있을 때에 도마도 함께 있고 문들이 닫혔는데 예수께서 오사 가운데 서서 가라사대 너희에게 평강이 있을지어다 하시고 ²⁷도마에게 이르시되 네 손가락을 이리 내밀어 내 손을 보고 네 손을 내밀어 내 옆구리에 넣어 보라 그리하고 믿음 없는 자가 되지 말고 믿는 자가 되라

c. 스가랴는 아직 성취되지 않은 내용을 예언합니다. 그것은 예수 그리스도의 지상 재림의 시기에 관한 것입니다. 스가랴 12:10, 13:6을 읽으십시오.

스가랴 12:10, 13:6

¹⁰내가 다윗의 집과 예루살렘 거민에게 은총과 간구하는 심령을 부어 주리니 그들이 그 찌른 바 그를 바라보고 그를 위하여 애통하기를 독자를 위하여 애통하듯 하며 그를 위하여 통곡하기를 장자를 위하여 통곡하듯 하리로다
⁶혹이 그에게 묻기를 네 두 팔 사이에 상처는 어찜이냐 하면 대답하기를 이는 나의 친구의 집에서 받은 상처라 하리라

3. 앞서 말했듯이, 상처를 내어 피를 혼합하는 목적은 둘이 하나가 되었음을 보여 주기 위함이었습니다. 그들의 삶은 이제 혼합되었고 서로를 공유하게 된 것입니다. 아리스토텔레스는 그의 윤리학(Ethics)에서 우정에 대하여 잘 알려진 격언 중 하나인 "두 몸 속의 한 영혼"[1]을 인용했습니다. 클레이 트럼블은 그의 저서「보혈의 언약」(The Blood Covenant)에서 이렇게 쓰고 있습니다.

> 피의 상징적 의미와 사용은 고대 사람들에게 지배적이었던 생각을 이해함으로써 그것에 관한 성경의 가르침에서 새로운 의미를 확인할 수 있다. 확신컨대, 피는 생명을 나타낸다는 것이다. 피를 준다는 것은 생명을 주는 것이다. 또한 피를 받는다는 것은 생명을 받는 것이다. 서로의 피를 섞는다는 것은 서로의 성품을 섞는다는 것을 나타낸다. 그리고 피를 통한 신인(神人)의 연합은 신성한 음식으로서의 희생제물인 육체를 나누는 신인 교섭의 기초이다.[2]

이제 하나님의 말씀을 살펴봅시다. 다음 성구들을 찾아 각 구절이 어떻게 새 언약을 통하여 우리가 예수 그리스도와 혹은 하나님과 하나됨을 보여 주는지를 쓰십시오.

　a. 요한복음 17:21-23을 읽으십시오. 요한복음 17장은 예수께서 십자가형에 처형되기 직전에 하나님 아버지께 대제사장으로서

---

1) Aristotle, *Ethics* 14, 8, 3.
2) H. Clay Trumbull, *The Blood Covenant* (Kirkwood, Missouri : Impact Books, Inc., 1975), p. 209.

드린 기도입니다.

²¹아버지께서 내 안에, 내가 아버지 안에 있는 것같이 저희도 다 하나가 되어 우리 안에 있게 하사 세상으로 아버지께서 나를 보내신 것을 믿게 하옵소서 ²²내게 주신 영광을 내가 저희에게 주었사오니 이는 우리가 하나가 된 것같이 저희도 하나가 되게 하려 함이니이다 ²³곧 내가 저희 안에, 아버지께서 내 안에 계셔 저희로 온전함을 이루어 하나가 되게 하려 함은 아버지께서 나를 보내신 것과 또 나를 사랑하심같이 저희도 사랑하신 것을 세상으로 알게 하려 함이로소이다

b. 골로새서 1:27

²⁷하나님이 그들로 하여금 이 비밀의 영광이 이방인 가운데 어떻게 풍성한 것을 알게 하려 하심이라 이 비밀은 너희 안에 계신 그리스도시니 곧 영광의 소망이니라

c. 에베소서 5:29-32

²⁹누구든지 언제든지 제 육체를 미워하지 않고 오직 양육하여 보호하기를 그리스도께서 교회를 보양함과 같이 하나니 ³⁰우리는 그 몸의 지체임이니라 ³¹이러므로 사람이 부모를 떠나 그 아내와 합하여 그 둘이 한 육체가 될지니 ³²이 비밀이 크도다 내가 그리스도와 교회에 대하여 말하노라

4. 그들은 손 혹은 팔에 언약을 맺고 종종 손이나 팔을 꼭 쥐어 그들의 피가 섞이게 합니다. 클레이 트럼블은 실제로 이 피 언약을 맺는 것을 묘사한 플로렌스의 그림에 대하여 말합니다.

"플로렌스의 피티 궁(Pitti Palace)에는 살바토르 로사 (Salvator Rosa)가 그린 '카틸린(Catilene)의 음모'라는 유명한 그림이 있다. 그것이야말로 역대 역사적인 그림에서 살바토르 로사의 걸작품이다. 이 그림은 피로 언약을 맺은 것을 나타낸다. 두 공모자가 얼굴을 마주보고 서 있고 그들의 오른손은 봉헌 제단 위에 꼭 쥐어진 채 놓여 있다. 두 사람의 오른팔은 팔꿈치 약간 아래가 째어져 있다. 한 사람의 팔에서 피가 흘러, 그가 왼손으로 들고 있는 컵 속으로 떨어진다. 다른 공모자의 팔에서 떨어지는 피는 이미 그 컵 속에 들어있다. 두 공모자들 사이에 있는 중재자의 높이 치켜든 손은, 신들과 제단 주위에 둘러 서있는 증인들 앞에서 그 둘이 받을 저주의 맹세를 가리키는 듯이 보인다. 이것은 카틸린과 그의 동료 공모자들 사이에 언약을 맺는 전통적 형식에 대한 확실한 표시이다."

a. 이것은 욥기 17:3에서 욥이 청하고 있는 것이라 할 수 있습니까? 그 성구를 찾아 아래에 기록하십시오.




b. 스트롱의 성구 사전에 따르면 "칠"(strike)은 "taga"(타가)이며 그 어근은 "손을 함께 치다"는 뜻입니다. "유추에 의하여 (못 또는 천막 말뚝, 투창을) 박다"-사사기 4:21- "암암리에 (악수함으로써) 보증인이 되다"-보증된 책임.[3]

트럼블은 이렇게 지적합니다 : "욥의 질문은 자유롭게 번역

될 수 있을 것이다: 나의 째어진 손과 피우정으로 악수할 사람이 누가 있습니까?"⁴⁾

c. "손을 잡는 것은 계약을 맺는 일반적 표현입니다."⁵⁾ 다음 두 성구를 찾아보십시오.

1) 에스라 10:19

¹⁹저희가 다 손을 잡아 맹세하여 그 아내를 보내기로 하고 또 그 죄를 인하여 숫양 하나를 속건제로 드렸으며

2) 에스겔 17:18

¹⁸그가 이미 손을 내어밀어 언약하였거늘 맹세를 업신여겨 언약을 배반하고 이 모든 일을 행하였으니 피하지 못하리라

이 모든 것들이 함께 맞추어져서 우리가 이미 알고 있는 진리에 대하여 더 깊은 통찰력을 갖게 하니 얼마나 흥미롭습니까! 저는 여기서 동맹의 상징으로 악수가 유래된 것이 아닌가 생각합니다. "그것에 대하여 악수하겠나?" 만일 그들이 악수하면, 그 문제는 해결된 것입니다. 어렸을 때, 여러분은 혹시 다른 아이와 어떤 약속을 하고 손가락을 찔러 피를 내어 종이에 찍은 적이 있습니까? 저는 그런 적이 있습니다. 그 의미를 전혀 모르는 채 말입니다.

---

3) James Strong, Strong's Exhaustive Concordance of the Bible.
4) Trumbull.
5) George Ricker Berry, "Covenant in the Old Testament", The International Standard Bible Encyclopedia, 1956.

이제 다른 문화권에서 피 언약을 맺는 것에 대한 세 가지 예증을 들어보겠습니다. 스탠리(Stanley)는 아프리카를 탐험할 때 언약을 맺은 경험에 대해 이렇게 말하고 있습니다.

"불라 마타리와 마타 뷔키는 오늘 하나가 되었습니다. 우리는 손을 맞잡았습니다. 불라 마타리의 백성을 해하지 마시오. 그들의 것을 도적질하지 마시오. 그들을 공격하지 마시오. 음식을 가지고 와서 그에게 공정한 가격으로, 온화하고 친절하게, 그리고 평화적으로 파시오. 그는 나의 형제입니다."[6]

1871년 리빙스톤을 뒤쫓아 아프리카로 들어간 헨리 M. 스탠리는, 대추장이고 전사이며 그가 아프리카의 화성이라고 일컬었던 미람보와 언약, 피 언약 혹은 강한 우정을 맺었습니다. 두 사람은 오른쪽 다리에 상처를 내어 피를 교환한 후 그 언약이 깨어질 경우에 있을 저주를 선언함으로써 언약을 맺었습니다.

"그들은 생명을 내건, 거룩한 언약 안에서의 친구요 형제였다. 언약의 마지막에 이르러 관습상의 승인의 표시 혹은 보속 절차로 맹약의 선물을 교환했다. 심지어 그들은 이 새로운 우정의 언약 가운데서 자신의 이타적인 충성의 증거로 서로 겨루기까지 했다."[7]

---

6) Trumbull, pp. 36-37.
7) Ibid., p. 20.

"오늘날까지 많은 시리아의 아랍인들은 최종적이고 가장 성스러운 서약을 할 때 생명의 상징인 피로써 맹세한다. 피로 우정의 언약을 맺을 때 그들은 팔 상부에서 피를 내었다. 그들의 설명에 의하면 팔은 힘을 나타냈기 때문이다. 피 언약 안에서 안식하고 있는 이집트 지도자가 자기 신에게 탄원하는 것은 "당신의 팔을 내게 주옵소서. 내가 당신과 같이 되겠나이다."이다. 엄숙한 맹세를 할 때에 하나님께 팔을 들어 올리는 전세계적 관습은 하나님과 거룩한 우정을 맺는 신성한 언약에서와 같이 피로, 또 피와 그 힘을 제공함으로써 맹세하는 것을 암시하는 것이었음에 틀림없다. 그러므로 거룩한 언약을 맺는 관례로서 "손을 잡는" 것이다. 피 가운데서 악수하는 것이다.8)

사랑하는 여러분, 하나님의 어린양인 예수님의 육체의 휘장이 찢어짐으로 우리가 하나님 아버지께 왔고 죽음 가운데 들어감으로써 우리의 생명을 잃고 주의 생명을 얻었으므로, 우리는 그의 뼈 중에 뼈요, 살 중의 살이며 언약 가운데서 그와 영원히 하나가 되었다는 사실을 결코 잊지 맙시다. 아멘! 아멘!

5. 언약을 맺은 후, 가끔 두 언약 상대자는 어떤 방법으로든 벤 자국을 확실하게 내어서 그것이 영구적인 상처 자국이 되게 함으로써 그들이 언약 약속을 계속 상기할 수 있도록 합니다.

---

8) Ibid., pp. 235-236.

다시 한번 클레이 트럼블은 그의 저서, "보혈의 언약"에서 다음과 같이 말합니다.

리빙스톤 연구 탐험대를 맡고 있던 카메론(Cameron) 사령관은 이 의식의 행사에 관한 몇 가지 예를 든다. "첫번째 실시하는 것은 각각의 오른쪽 손목을 피를 낼 만큼 베어 그 피를 문질러 상대방의 상처에 바른 후 화약을 넣어 비비는 것으로 되어 있다.(그것은 팔에 영원한 표를 확실케 한다.)"[9]

그렇다면, "이것이 하나님의 말씀에서 무엇과 유사하단 말인가?"라는 질문이 생길 것입니다. 이것은 바로 제가 그것을 읽을 때 주께 여쭈어 본 것입니다. 주께서 내게 다음 구절들을 떠오르게 하셨습니다. 여러분도 숙고해 보십시오. 계속 생각나게 하는 이 언약의 표시에 다음 구절들이 어떻게 적용되는지를 써 보십시오.

a. 이사야 49:14-16

[14]오직 시온이 이르기를 여호와께서 나를 버리시며 주께서 나를 잊으셨다 하였거니와 [15]여인이 어찌 그 젖 먹는 자식을 잊겠으며 자기 태에서 난 아들을 긍휼히 여기지 않겠느냐 그들은 혹시 잊을지라도 나는 너를 잊지 아니할 것이라 [16]내가 너를 내 손바닥에 새겼고 너의 성벽이 항상 내 앞에 있나니

---

9) Ibid., pp. 15-16.

b. 물론 이사야 49:14-16을 읽고 나서, 저는 예수 그리스도의 영화된 몸에까지 영원히 새겨져 있는 표시를 생각하지 않을 수 없었습니다. 여러분은 지난 주에 요한복음 20:24-28을 찾아 보았습니다. 같은 내용을 좀더 세밀한 방법으로 나타내는 다른 성구를 하나 더 찾아봅시다. 요한계시록 5:6을 읽으십시오. 무엇을 보았습니까?

요한복음 20:24-28

²⁴열두 제자 중에 하나인 디두모라 하는 도마는 예수 오셨을 때에 함께 있지 아니한지라 ²⁵다른 제자들이 그에게 이르되 우리가 주를 보았노라 하니 도마가 가로되 내가 그 손의 못자국을 보며 내 손가락을 그 못자국에 넣으며 내 손을 그 옆구리에 넣어 보지 않고는 믿지 아니하겠노라 하니라 ²⁶여드레를 지나서 제자들이 다시 집 안에 있을 때에 도마도 함께 있고 문들이 닫혔는데 예수께서 오사 가운데 서서 가라사대 너희에게 평강이 있을지어다 하시고 ²⁷도마에게 이르시되 네 손가락을 이리 내밀어 내 손을 보고 네 손을 내밀어 내 옆구리에 넣어 보라 그리하고 믿음 없는 자가 되지 말고 믿는 자가 되라 ²⁸도마가 대답하여 가로되 나의 주시며 나의 하나님이시니이다

요한계시록 5:6

⁶내가 또 보니 보좌와 네 생물과 장로들 사이에 어린 양이 섰는데 일찍 죽임을 당한 것 같더라 일곱 뿔과 일곱 눈이 있으니 이 눈은 온 땅에 보내심을 입은 하나님의 일곱 영이더라

c. "그렇지만 하나님, 어디에 우리의 언약 표시가 있습니까?" 이것이 하나님을 향한 저의 질문이었습니다. 그때 갈라디아서 6:17이 생각났습니다. 바울은 그가 자기의 언약 상대자되시는 주 예수 그리스도의 복음을 위하여 진지하게 싸울 때에 맞은 채찍질로 인해 흔적이 생겼습니다. 여러분은 진정 주님을 위하여 이런 흔적을 갖기 원하십니까?

## 제 2 일

그들은 이제 언약 가운데서 공동의 삶을 나눈다는 것을 기억하십시오. 둘은 하나가 되었습니다. 그러므로 그들은 축복을 서로 나눌 책임이 있었고 둘 중 어느 하나가 궁핍한 가운데 있으면 다른 이가 채워주어야 했습니다. 이것이 바로 언약의 축복입니다. "언약의 결과로서의 삶의 공유"가 있었던 것입니다.[10]

다음은 형제되는 의식을 가졌던 브라질의 인디안에 관한 내용입니다.

"서로를 형제라는 이름으로 불렀던 그들은 모든 것을 공동으로 소유했다. 관계는 혈족만큼이나 성스럽게 맺어져 있었으며 그들은 상대방의 딸이나 누이와 결혼할 수 없었다."[11]

---

10) George Ricker Berry, "Covenant in the Old Testament," The International Standard Bible Encylopedia, 1956.
11) Trumbull, p. 55.

이 원리가 새 언약의 한 부분입니까? 예수께 속한 것들은 그의 언약 상대자인 여러분에게도 속합니까? 몇 구절을 찾아보고 각 성구의 진수를 적으십시오. 여러분이 관찰한 바를 기록하십시오.

1. 고린도후서 8:9

    ⁹우리 주 예수 그리스도의 은혜를 너희가 알거니와 부요하신 자로서 너희를 위하여 가난하게 되심은 그의 가난함을 인하여 너희로 부요케 하려 하심이니라

2. 로마서 8:15-17

    ¹⁵너희는 다시 무서워하는 종의 영을 받지 아니하였고 양자의 영을 받았으므로 아바 아버지라 부르짖느니라 ¹⁶성령이 친히 우리 영으로 더불어 우리가 하나님의 자녀인 것을 증거하시나니 ¹⁷자녀이면 또한 후사 곧 하나님의 후사요 그리스도와 함께 한 후사니 우리가 그와 함께 영광을 받기 위하여 고난도 함께 받아야 될 것이니라

3. 빌립보서 4:19

    ¹⁹나의 하나님이 그리스도 예수 안에서 영광 가운데 그 풍성한 대로 너희 모든 쓸 것을 채우시리라

4. 한 단계 더 올라가 생각해 봅시다. 여러분과 제가 예수님과 피 형제로 언약 가운데 있다면, 우리는 서로가 언약 가운데 있지 않을까요? 만일 그렇다면, 서로의 필요를 채우는 데 있어서 서로에 대한

책임은 무엇입니까? 다음 성구들을 찾아보고 관찰한 바를 기록하십시오.

a. 사도행전 2:38-45 (이것은 지상의 교회였습니다!)

> ³⁸베드로가 가로되 너희가 회개하여 각각 예수 그리스도의 이름으로 세례를 받고 죄 사함을 얻으라 그리하면 성령을 선물로 받으리니 ³⁹이 약속은 너희와 너희 자녀와 모든 먼 데 사람 곧 주 우리 하나님이 얼마든지 부르시는 자들에게 하신 것이라 하고 ⁴⁰또 여러 말로 확증하며 권하여 가로되 너희가 이 패역한 세대에서 구원을 받으라 하니 ⁴¹그 말을 받는 사람들은 세례를 받으매 이 날에 제자의 수가 삼천이나 더하더라 ⁴²저희가 사도의 가르침을 받아 서로 교제하며 떡을 떼며 기도하기를 전혀 힘쓰니라 ⁴³사람마다 두려워하는데 사도들로 인하여 기사와 표적이 많이 나타나니 ⁴⁴믿는 사람이 다 함께 있어 모든 물건을 서로 통용하고 ⁴⁵또 재산과 소유를 팔아 각 사람의 필요를 따라 나눠 주고

b. 사도행전 4:33-35

> ³³사도들이 큰 권능으로 주 예수의 부활을 증거하니 무리가 큰 은혜를 얻어 ³⁴그 중에 핍절한 사람이 없으니 이는 밭과 집 있는 자는 팔아 그 판 것의 값을 가져다가 ³⁵사도들의 발 앞에 두매 저희가 각 사람의 필요를 따라 나눠 줌이러라

c. 고린도후서 8:1-4, 13-15

> ¹형제들아 하나님께서 마게도냐 교회들에게 주신 은혜를 우리가 너희에게 알게 하노니 ²환난의 많은 시련 가운데서 저희 넘치는 기쁨과 극한 가난이 저희로 풍성한 연보를 넘치도록 하게 하였느니라 ³내가 증거하노니 저희가 힘대로 할 뿐 아니라 힘에 지나도록 자원하여 ⁴이 은혜와 성도 섬기는 일에 참여함에 대하여 우리에게 간절히 구하니 … ¹³이는 다른 사람들은 평안하게 하고 너희는 곤고하게 하려는 것이 아니요 평균케 하려 함이니 ¹⁴이제 너희의 유여한 것으로 저희 부족한 것을 보충함은 후에 저희 유여한 것으로 너희 부족한 것을 보충하여 평균하게 하려 함이라 ¹⁵기록한 것같이 많이 거둔 자도 남지 아니하였고 적게 거둔 자도 모자라지 아니하였느니라

5. 마지막으로 한 가지 질문을 더 드리겠습니다. "하나님의 자녀가 자기의 필요를 채우기 위하여 교회 밖에서 도움을 구해야 하겠습니까? 이는 정부의 책임입니까? 아니면 언약으로 인한 우리의 책임입니까?

## 제 3 일

사람들은 서로 언약을 맺을 때 종종 이름을 교환했습니다. 달리 말하자면, 언약을 맺는 상대방의 이름 중 하나를 취했습니다. 이러한 형식은 언약의 하나됨을 다시 한번 입증하는 것입니다!

다시 트럼블을 인용해 보겠습니다.

> "그러므로 이름을 교환하는 것은 서로의 존재에 어떤 참여를 하게 된다는 것을 확고히 한다. 추측컨대, 신성을 지닌 언약으로 연합하는 상징적 증거로서, 자기 이름에 신성을 지닌 이름을 집어 넣는 거의 만인 공동의 동양식 관습이 생겨났다. 이러한 관습의 근거에는 피언약, 혹은 피연합의 개념이 스며 있는 것이다." [12]

이제 다시 한 번 이런 질문을 할 필요를 느낍니다. "이것은 성경에서 발견되고 있습니까?" "이방인들 중에 있는 이러한 관습이 하나님의 말씀에 그 기원을 두고 있습니까?" 다음 성구들을 찾아보고 여러분이 본 바를 기록하십시오. 언제 일어났으며 누구에게 일어났는지를 살펴보십시오.

1. 창세기 17:4-7

> ⁴내가 너와 내 언약을 세우니 너는 열국의 아비가 될지라 ⁵이제 후로는 네 이름을 아브람이라 하지 아니하고 아브라함이라 하리

---

12) Ibid., p. 335.

니 이는 내가 너로 열국의 아비가 되게 함이니라 ⁶내가 너로 심히 번성케 하리니 나라들이 네게로 좇아 일어나며 열왕이 네게로 좇아 나리라 ⁷내가 내 언약을 나와 너와 네 대대 후손의 사이에 세워서 영원한 언약을 삼고 너와 네 후손의 하나님이 되리라

## 2. 창세기 17:15-16

¹⁵하나님이 또 아브라함에게 이르시되 네 아내 사래는 이름을 사래라 하지 말고 그 이름을 사라라 하라 ¹⁶내가 그에게 복을 주어 그로 네게 아들을 낳아주게 하며 내가 그에게 복을 주어 그로 열국의 어미가 되게 하리니 민족의 열왕이 그에게서 나리라

하나님께서는 자기의 거룩한 이름인 'YHWH' 혹은 '야훼'(Yahweh)에서 '헤트'(heth)를 아브람(Abram)과 사래(Sarai)의 이름에 붙여주셨습니다. 아브라함(Abraham)과 사라(Sarah)로 변화된 것을 주목하십시오.

## 3. 요한계시록 2:17. 또 다시 트럼블의 말을 인용하겠습니다.

"이 새로운 남부 웨일즈 의식에는 또 다른 특징이 있는데, 그것은 돌과의 이상한 생명의 관계를 시사하는 듯하며, 이는 이미 언급된 바 있다. 또한 새 생명의 증표로서 새 이름을 주는 것을 시사하는 듯하다.

'먼디'(mundie)라고 불리는 흰 돌 혹은 석영수정을 새 이

름을 받는 그 때에 성인인 각 수련사에게 준다. 이 돌은 신에게서 받은 선물로 간주되며 특별히 거룩하게 보관된다. 그 젊은이의 정신적 끈기에 대한 시험은 그가 처음 그것을 받을 때, 나이든 노인이 온갖 종류의 설득을 통해 이 소유물을 마침내 포기해 버리게 하는 것으로 이루어진다."[13]

4. 그들이 이름을 교환하면, 그 후에는 언약 식사가 있었습니다. 보통 이 언약 식사에서 그들은 서로에게 빵을 먹여주면서, "너는 나를 먹고 있다."라고 말합니다. 그리고나서 그들은 같은 컵으로 마시면서 "너는 나를 마시고 있다."라고 말합니다. 때때로 그 컵 속에 있는 음료에는 피가 섞여져 있었습니다.

본질에 있어서, 언약은 맹약이지만 엄숙하고 구속력있는 힘을 가진 맹약이다. 초기 셈족의 언약에 관한 개념은 확실하여 그것이 아라비아 사람들 가운데 지배적이었다 (W. 로벗슨 스미스(Robertson Smith)의 「셈족의 종교」(Religion of the Semites, 재판)라는 책을 보라).

이는 본래 두 사람이 서로의 피를 마심으로써 형제가 되는 관계이다. 대개, 이것은 한 사람이 다른 사람의 씨족으로 입양됨을 의미했다. 이 초기 개념에는 "본래는 언약이 이런 저런 각별한 취지가 있는 특별 맹약이 아니라 동족이 서로의 모든 것을 위하여 영원토록 함께 맺어지는 생명의 교제와 약속의 끈기이다" (W. 로벗슨 스미스, Op. cit., 315, 316을 보라).

---

13) Ibid., p. 337.

후에는 서로의 피를 마시는 대신 여러 가지 대체물이 있었
다. 소위 제물의 피를 함께 마시는 것, 그것을 양편 머리 위에
뿌리는 것, 언약 식사를 함께 먹는 것 등등. 그러나 언약의 결
과로 오는 삶의 공유라는 똑같은 개념이 모든 경우에 표현된
것을 발견했다.14)

이제는 우리의 원전인 하나님의 말씀을 봅시다. 다음 구절 중 몇몇
은 이미 찾아보았지만, 다시 해보면 좋은 복습이 될 것입니다. 식사를
하는 것이 언약을 맺는 것과 관련이 있음을 볼 수 있기 바랍니다.

a. 창세기 26:28-30

²⁸그들이 가로되 여호와께서 너와 함께 계심을 우리가 분명히 보
았으므로 우리의 사이 곧 우리와 너의 사이에 맹세를 세워 너와
계약을 맺으리라 말하였노라 ²⁹너는 우리를 해하지 말라 이는 우
리가 너를 범하지 아니하고 선한 일만 네게 행하며 너로 평안히
가게 하였음이니라 이제 너는 여호와께 복을 받은 자니라 ³⁰이삭
이 그들을 위하여 잔치를 베풀매 그들이 먹고 마시고

b. 출애굽기 24:7-11

⁷언약서를 가져 백성에게 낭독하여 들리매 그들이 가로되 여호와
의 모든 말씀을 우리가 준행하리이다 ⁸모세가 그 피를 취하여 백
성에게 뿌려 가로되 이는 여호와께서 이 모든 말씀에 대하여 너
희와 세우신 언약의 피니라 ⁹모세와 아론과 나답과 아비후와 이
스라엘 장로 칠십 인이 올라가서 ¹⁰이스라엘 하나님을 보니 그 발
아래에는 청옥을 편 듯하고 하늘같이 청명하더라 ¹¹하나님이 이

---

14) Berry, "Covenant in the Old Testament."

스라엘의 존귀한 자들에게 손을 대지 아니하셨고 그들은 하나님을 보고 먹고 마셨더라

c. 요한복음 6:47-58, 마태복음 26:26-28

요한복음 6:47-58

47진실로 진실로 너희에게 이르노니 믿는 자는 영생을 가졌나니 48내가 곧 생명의 떡이로다 49너희 조상들은 광야에서 만나를 먹었어도 죽었거니와 50이는 하늘로서 내려오는 떡이니 사람으로 하여금 먹고 죽지 아니하게 하는 것이니라 51나는 하늘로서 내려온 산 떡이니 사람이 이 떡을 먹으면 영생하리라 나의 줄 떡은 곧 세상의 생명을 위한 내 살이로라 하시니라 52이러므로 유대인들이 서로 다투어 가로되 이 사람이 어찌 능히 제 살을 우리에게 주어 먹게 하겠느냐 53예수께서 이르시되 내가 진실로 진실로 너희에게 이르노니 인자의 살을 먹지 아니하고 인자의 피를 마시지 아니하면 너희 속에 생명이 없느니라 54내 살을 먹고 내 피를 마시는 자는 영생을 가졌고 마지막 날에 내가 그를 다시 살리리니 55내 살은 참된 양식이요 내 피는 참된 음료로다 56내 살을 먹고 내 피를 마시는 자는 내 안에 거하고 나도 그 안에 거하나니 57살아 계신 아버지께서 나를 보내시매 내가 아버지로 인하여 사는 것같이 나를 먹는 그 사람도 나를 인하여 살리라 58이것은 하늘로서 내려온 떡이니 조상들이 먹고도 죽은 그것과 같지 아니하여 이 떡을 먹는 자는 영원히 살리라

마태복음 26:26-28

26저희가 먹을 때에 예수께서 떡을 가지사 축복하시고 떼어 제자들을 주시며 가라사대 받아 먹으라 이것이 내 몸이니라 하시고 27또 잔을 가지사 사례하시고 저희에게 주시며 가라사대 너희가 다 이것을 마시라 28이것은 죄 사함을 얻게 하려고 많은 사람을 위하여 흘리는 바 나의 피 곧 언약의 피니라

사랑하는 여러분이여, 여러분은 예수님과 관계있는 사람입니까? 여러분은 그의 살을 먹었습니까? 그의 피를 마셨습니까? 여러분은 그와 새언약을 맺었습니까?

언약이라는 것의 자취가 어떻게 첫 언약이 이루어진 땅에서 멀리 떨어진 문화권으로 전해지게 되었는지 한 가지 예를 더 들어보겠습니다.

> "남미의 아로카니안족(Araucanians) 가운데는, 형제 혹은 친구를 맺는 관습을 '라쿠'(Lacu)라 불렀다. 그것은 어린 양을 죽여 두 언약을 맺는 당사자 사이에 반으로 나누어 "쪼개서" 놓은 것을 포함한다. 각 당사자는 그 어린 양의 반쪽을 혼자 다 먹든지 혹은 자기가 청하여 불러들인 사람들의 도움을 받아 먹지 않으면 안된다. 조금이라도 남겨서는 안된다. 그리고 선물을 주고 받으며 또한 이름을 교환한다. 이름을 주는 것 혹은 서로 이름을 교환하는 것은 이름을 교환한 두 사람 사이에 피의 언약만큼이나 거룩하게 여겨지는 종족 관계를 확립하고 서로에게 일정한 봉사를 해주고 서로의 친척을 존중해 줄 의무를 갖는다."[15]

어린 양을 먹는다는 의식은 우리에게 유월절을 상기시켜 줍니다 (출 12:3-14).

---

15) Trumbull, p. 334.

## 제 4 일

"친구"는 언약 용어입니다. 여러분은 이 사실을 알고 있습니까? 저는 언약을 공부할 때까지 그것을 알지 못했습니다.

1. 성경 전체에서의 주요 언약 중 하나는 아브라함의 언약이고 구약 전체에서 오직 한 사람만 하나님의 친구라 일컬어졌습니다. 그는 아브라함입니다. 다음 성구들을 읽고 해당되는 부분을 기록하십시오.

   a. 역대하 20:7

   > 7우리 하나님이시여 전에 이 땅 거민을 주의 백성 이스라엘 앞에서 쫓아내시고 그 땅으로 주의 벗 아브라함의 자손에게 영영히 주지 아니하셨나이까

   b. 이사야 41:8

   > 8그러나 나의 종 너 이스라엘아 나의 택한 야곱아 나의 벗 아브라함의 자손아

   c. 출애굽기 33:11에서 사람이 그 친구와 이야기함같이 여호와께서 모세와 대면하여 말씀하신 사실이 언급됩니다. 그러나 여기서 친구라는 낱말은 "rea" 혹은 "reya"입니다. 역대하 20:7과 이사야 41:8에서는 "ahab"이라는 단어를 사용합니다. "rea"라는 낱말은 "다소 친밀한 친구"를 의미합니다.

출애굽기 33:11

¹¹사람이 그 친구와 이야기함같이 여호와께서는 모세와 대면하여 말씀하시며 모세는 진으로 돌아오나 그 수종자 눈의 아들 청년 여호수아는 회막을 떠나지 아니하니라

d. 잠언 27:6

⁶친구의 통책은 충성에서 말미암은 것이나 원수의 자주 입맞춤은 거짓에서 난 것이니라

e. 스가랴 13:6

⁶혹이 그에게 묻기를 네 두 팔 사이에 상처는 어찜이냐 하면 대답하기를 이는 나의 친구의 집에서 받은 상처라 하리라

2. 이제 요한복음 15:13-15을 읽어봅시다. 시간적으로 볼 때 요한복음 15장은 유월절 언약 식사가 행해진 후에 일어납니다. "친구"라는 용어에 관하여 여러분이 배운 것과 그것이 언약에 어떻게 연결되는지를 쓰십시오.

요한복음 15:13-15

¹³사람이 친구를 위하여 자기 목숨을 버리면 이에서 더 큰 사랑이 없나니 ¹⁴너희가 나의 명하는 대로 행하면 곧 나의 친구라 ¹⁵이제부터는 너희를 종이라 하지 아니하리니 종은 주인의 하는 것을 알지 못함이라 너희를 친구라 하였노니 내가 내 아버지께 들은 것을 다 너희에게 알게 하였음이니라

3. 이제 요한복음 15:15과 시편 25:14을 비교해 봅시다. 비교될만한 사항이 있습니까?

> 요한복음 15:15
>
> 15이제부터는 너희를 종이라 하지 아니하리니 종은 주인의 하는 것을 알지 못함이라 너희를 친구라 하였노니 내가 내 아버지께 들은 것을 다 너희에게 알게 하였음이니라
>
> 시편 25:14
>
> 14여호와의 친밀함이 경외하는 자에게 있음이여 그 언약을 저희에게 보이시리로다

4. 여러분이 3번에서 관찰한 바와 관련하여 창세기 18:17을 살펴보십시오.

> 창세기 18:17
>
> 17여호와께서 가라사대 나의 하려는 것을 아브라함에게 숨기겠느냐

5. 오늘의 연구를 마치면서, 언약 용어인 "친구"라는 말에 대하여 여러분이 배운 것과 연관되는 두 가지 인용문을 나누겠습니다.

a. 이것을 읽을 때, 요한복음 15:13을 기억하십시오.

"다른 사람과 이 언약을 맺은 사람은 자기 자신을 이중 생명을 가진 자로 여긴다. 그가 피를 나눈 친구는 자기 생명을 그와 함께, 혹은 그를 위하여 내려놓을 준비가 되어있기 때문이다. 그런 까닭에 언약의 기록('uhdah)을 담고

있는 가죽 상자 혹은 '베이트 헤얍'(Bayt hejab), '아물렛(Amulet)의 집'은 그것을 소유하고 있는 사람에게 영광스럽고 자랑스러운 배지로 여겨진다. 그리고 그가 넘어질 때 홀로 있지 않을 것이므로 더 큰 안전감을 갖는다.16)

b. 그리고 어떤 사람이 친구가 될 것을 결심할 때는 언제나 모든 맹세 중 가장 큰 맹세를 하는데, 그것은 서로를 위하여 필요시에는 함께 살고 함께 죽는다는 것이다. 그리고 맹세하는 것을 나타내는 태도는 다음과 같다 : 맹세 후 곧 우리는 동시에 손가락을 베어서 피가 그릇에 떨어지게 하고 그 속에 칼 끝을 담근 후에, 그 피를 둘이 마신다. 그 후 서로에게서 서로를 떼어 놓을 수 있는 것은 아무 것도 없다. 어떤 곳에서는 언약을 맺을 때 그릇 속에 칼, 화살, 도끼 그리고 창을 담그기도 한다.17)

## 제 5 일

많은 경우 언약을 맺은 당사자들은 그들이 맺은 맹약의 증거물 혹은 상기물로서 기념물을 세웠습니다. 기념물의 형태는 매우 다양했습니다. 나무, 아니면 짐승의 떼 혹은 돌기둥인 경우도 있었습니다. 혹은 언약 안에서 서로의 헌신을 상기시켜 주기 위하여 언약 맺은 당사자들이 부적 혹은 성물함을 몸에 지니고 다니기도 했습니다.

---

16) Ibid., pp. 7-8.
17) *The Legends of Greece*, p. 159.

1. 창세기 21:22-34을 다시 읽으십시오. 적절한 관찰 내용을 기록하십시오.

   창세기 21:22-34

   ²²때에 아비멜렉과 그 군대장관 비골이 아브라함에게 말하여 가로되 네가 무슨 일을 하든지 하나님이 너와 함께 계시도다 ²³그런즉 너는 나와 내 아들과 내 손자에게 거짓되이 행치 않기를 이제 여기서 하나님을 가리켜 내게 맹세하라 내가 네게 후대한 대로 너도 나와 너의 머무는 이 땅에 행할 것이니라 ²⁴아브라함이 가로되 내가 맹세하리라 하고 ²⁵아비멜렉의 종들이 아브라함의 우물을 늑탈한 일에 대하여 아브라함이 아비멜렉을 책망하매 ²⁶아비멜렉이 가로되 누가 그리하였는지 내가 알지 못하노라 너도 내게 고하지 아니하였고 나도 듣지 못하였더니 오늘이야 들었노라 ²⁷아브라함이 양과 소를 취하여 아비멜렉에게 주고 두 사람이 서로 언약을 세우니라 ²⁸아브라함이 일곱 암양 새끼를 따로 놓으니 ²⁹아비멜렉이 아브라함에게 이르되 이 일곱 암양 새끼를 따로 놓음은 어찜이뇨 ³⁰아브라함이 가로되 너는 내 손에서 이 암양 새끼 일곱을 받아 내가 이 우물 판 증거를 삼으라 하고 ³¹두 사람이 거기서 서로 맹세하였으므로 그 곳을 브엘세바라 이름하였더라 ³²그들이 브엘세바에서 언약을 세우매 아비멜렉과 그 군대장관 비골은 떠나 블레셋 족속의 땅으로 돌아갔고 ³³아브라함은 브엘세바에 에셀나무를 심고 거기서 영생하시는 하나님 여호와의 이름을 불렀으며 ³⁴그가 블레셋 족속의 땅에서 여러 날을 지내었더라

2. 창세기 31:43-54을 읽으십시오. 언약 식사와 "미스바"를 주목하고 통찰한 바를 기록하십시오.

> 창세기 31:43-54
>
> ⁴³라반이 야곱에게 대답하여 가로되 딸들은 내 딸이요 자식들은 내 자식이요 양 떼는 나의 양 떼요 네가 보는 것은 다 내 것이라 내가 오늘날 내 딸들과 그 낳은 자식들에게 어찌할 수 있으랴 ⁴⁴이제 오라 너와 내가 언약을 세워 그것으로 너와 나 사이에 증거를 삼을 것이니라 ⁴⁵이에 야곱이 돌을 가져 기둥으로 세우고 ⁴⁶또 그 형제들에게 돌을 모으라 하니 그들이 돌을 취하여 무더기를 이루매 무리가 거기 무더기 곁에서 먹고 ⁴⁷라반은 그것을 여갈사하두다라 칭하였고 야곱은 그것을 갈르엣이라 칭하였으니 ⁴⁸라반의 말에 오늘날 이 무더기가 너와 나 사이에 증거가 된다 하였으므로 그 이름을 갈르엣이라 칭하였으며 ⁴⁹또 미스바라 하였으니 이는 그의 말에 우리 피차 떠나 있을 때에 여호와께서 너와 나 사이에 감찰하옵소서 함이라 ⁵⁰네가 내 딸을 박대하거나 내 딸들 외에 다른 아내들을 취하면 사람은 우리와 함께할 자가 없어도 보라 하나님이 너와 나 사이에 증거하시느니라 하였더라 ⁵¹라반이 또 야곱에게 이르되 내가 너와 나 사이에 둔 이 무더기를 보라 또 이 기둥을 보라 ⁵²이 무더기가 증거가 되고 이 기둥이 증거가 되나니 내가 이 무더기를 넘어 네게로 가서 해하지 않을 것이요 네가 이 무더기, 이 기둥을 넘어 내게로 와서 해하지 않을 것이라 ⁵³아브라함의 하나님, 나홀의 하나님, 그들의 조상의 하나님은 우리 사이에 판단하옵소서 하매 야곱이 그 아비 이삭의 경외하는 이를 가리켜 맹세하고 ⁵⁴야곱이 또 산에서 제사를 드리고 형제들을 불러 떡을 먹이니 그들이 떡을 먹고 산에서 경야하고

3. 몇 가지 인용문을 나누겠습니다.

아브라함에게 이르는 길의 거의 2/3를 추적해서 거슬러 올라간 헤로도투스는 말하기를, 아라비아 사람들이 서로 언약을 맺을 때에는 제 삼자가 언약을 맺는 두 당사자들 사이에 서서, 날카로운 돌로 그 둘의 손 안쪽을 상처내서 둘 사이에 놓인 일곱개의 돌 위에 피를 떨어뜨린다고 한다. 브엘세바 (Beer-Sheba), 즉 일곱의 우물 혹은 맹세의 우물에서 아비멜렉과 아브라함이 서로 언약을 맺을 때, 아비멜렉의 군대 장관인 비골이 제 삼자로서 참석했다(창 21:31). 두 사람이 언약을 세우는 데 있어서 "증거의 돌무더기"로 일곱 개의 돌을 사용하는 대신에, 아브라함은 "일곱 마리의 암양들"을 따로 놓아, "증거" 곧 둘 사이에 이뤄진 거래의 상징적 증거로 삼았다.

동방의 몇몇 곳에서 오늘날까지도 행해지고 있는 것처럼, 피로 맺는 언약의 원시적인 의식에서는 다른 상징적 증거들 이외에도 언약을 맺은 당사자들이 나무를 한 그루 심어서, "계속 보존되고 자라게 함으로써 그들의 계약에 대한 증거" 가 되게 하였다. 아브라함이 살았던 시대에도 그렇게 했다. "그리고 아브라함은 브엘세바에 에셀나무를 심고 거기서 영생하시는 하나님 여호와의 이름을 불렀으며 그가 블레셋 족속의 땅에서 여러 날을 지내었더라". 그러는 동안에 그 나무는 틀림없이 존속하고 자라서 블레셋 족속의 지배자인 아비멜렉과 피로 맺은 언약에 대한 증거가 되었다. 말하자면 아비멜렉은 하나님의 언약 맺은 친구를 통하여 축복을 받게 되었

던 여러 "민족들" 중 첫 열매였다.[18]

4. 이제 언약의 표징 혹은 기념물로서의 부적 혹은 성물함의 사용에 관하여 살펴보겠습니다. 출애굽기 13:11-16을 읽으십시오. 표징 혹은 부적으로서의 역할을 한 것이 무엇인지 기록하십시오.

> 출애굽기 13:11-16
>
> [11]여호와께서 너와 네 조상에게 맹세하신 대로 너를 가나안 사람의 땅에 인도하시고 그 땅을 네게 주시거든 [12]너는 무릇 초태생을 다 구별하여 여호와께 돌리라 수컷은 여호와의 것이니라 [13]나귀의 첫새끼는 다 어린 양으로 대속할 것이요 그렇게 아니하려면 그 목을 꺾을 것이며 너의 아들 중 모든 장자 된 자는 다 대속할지니라 [14]장래에 네 아들이 네게 묻기를 이것이 어찜이냐 하거든 너는 그에게 이르기를 여호와께서 그 손의 권능으로 우리를 애굽에서 곧 종이 되었던 집에서 인도하여 내실새 [15]그 때에 바로가 강퍅하여 우리를 보내지 아니하매 여호와께서 애굽 나라 가운데 처음 낳은 것까지 다 죽이신고로 초태생의 수컷은 다 여호와께 희생으로 드리고 우리 장자는 다 대속하나니 [16]이것으로 네 손의 기호와 네 미간의 표를 삼으라 여호와께서 그 손의 권능으로 우리를 애굽에서 인도하여 내셨음이니라 할지니라

피로 맺은 우정의 원시적인 의식에서는 피문은 언약의 기록을 조그만한 상자 속에 넣어서, 이 성스러운 의식에서 영원한 친구를 얻은 사람이 부적으로 팔에, 혹은 목 둘레에 걸고

---

18) Trumbull, pp. 265-267.

다닌다는 사실은 기억할만할 일이다. 이러한 의식은, 하나의 영원한 의식으로서 하나님께서 이스라엘과 피로 맺으신 우정을 기리는 유월절 의식제도와 관련되어 있고, 주께서 이 의식과 그 표적에 대해서 다음과 같이 밝히신 것은 주목할만한 사실이다. "이것으로 네 손의 기호와 네 미간의 표를 삼으라" (출 13:11-16). 바로 이 명령의 힘으로 인해서 유대인들이 오늘날까지도 이마나 팔에다-왕관으로 또는 팔찌로-자그마한 가죽 상자를 성스런 부적으로, 혹은 주님과 주님의 친구인 아브라함의 자손들 사이에 맺은 유월절 언약을 담고 있는 "성구함"으로 걸고 다니는 것이 습관이 되어 온 것이다.[19]

5. 우리가 이스라엘에 성지순례단을 데리고 갈 때, 내가 즐겨 하는 것 중 하나는 각 호텔 문의 벽이나 창틀 위에 있는 머주자(Mezuzahs)를 사람들에게 보여 주는 것입니다. 이 머주자는 마치 예루살렘 통곡의 벽(Wailling Wall)에 오는 유대인들의 이마 혹은 팔에 매여져 있는 성구함(검은 상자)과 같습니다. 이 모든 것은 신명기 6:4-9, 20-25에 대한 유대인의 해석으로 인해 생긴 관습으로서 구약을 생각나게 하는 표지들입니다. 이 구절들을 읽고 표징으로 사용된 것이 무엇인지 쓰십시오.

신명기 6:4-9, 20-25

[4]이스라엘아 들으라 우리 하나님 여호와는 오직 하나인 여호와시니 [5]너는 마음을 다하고 성품을 다하고 힘을 다하여 네 하나님 여호와를 사랑하라 [6]오늘날 내가 네게 명하는 이 말씀을 너는 마음

---

[19] Ibid., pp. 232-233.

에 새기고 7네 자녀에게 부지런히 가르치며 집에 앉았을 때에든지 길에 행할 때에든지 누웠을 때에든지 일어날 때에든지 이 말씀을 강론할 것이며 8너는 또 그것을 네 손목에 매어 기호를 삼으며 네 미간에 붙여 표를 삼고 9또 네 집 문설주와 바깥 문에 기록할지니라 … 20후일에 네 아들이 네게 묻기를 우리 하나님 여호와의 명하신 증거와 말씀과 규례와 법도가 무슨 뜻이뇨 하거든 21너는 네 아들에게 이르기를 우리가 옛적에 애굽에서 바로의 종이 되었더니 여호와께서 권능의 손으로 우리를 애굽에서 인도하여 내셨나니 22곧 여호와께서 우리의 목전에서 크고 두려운 이적과 기사를 애굽과 바로와 그 온 집에 베푸시고 23우리 열조에게 맹세하신 땅으로 우리에게 주어 들어가게 하시려고 우리를 거기서 인도하여 내시고 24여호와께서 우리에게 이 모든 규례를 지키라 명하셨으니 이는 우리로 우리 하나님 여호와를 경외하여 항상 복을 누리게 하기 위하심이며 또 여호와께서 우리로 오늘날과 같이 생활하게 하려 하심이라 25우리가 그 명하신 대로 이 모든 명령을 우리 하나님 여호와 앞에서 삼가 지키면 그것이 곧 우리의 의로움이니라 할지니라

두 집안이나 민족 사이에 협정이 맺어졌다는 표시로 돌을 하나 세우는 것도 흔한 풍습이었다(참고: 야곱과 라반, 창 31:44-47). 쌍방이 그 언약의 불변성을 보여 주는 증거로 신에게 간청을 한다. 더우기 시내산에서와 같은 경우처럼 야곱과 라반은 산에서 희생제물을 드리고 함께 식사를 했다(창 31:54-55). 그러한 협정을 증명하는 다른 표징들이 사용되었는데, 가령 두 왕족 사이의 결혼이 그 한 예이다(왕상 9:16). 그러나 언약을 맺는 데 필요한 가장 중요한 도구는

문서인데, 그 문서에다 언약의 말들 - 그 용어들은 약속과 규정의 형식에 사용되는 것들임-을 한 자 한 자 쓰고, 증인을 세우고, 서명을 하여 봉한다.

그런 언약 문서들은 상당히 많다(참고. D. R. Hillers, Covenant : The History of a Biblical Idea, Baltimore, 1969). 뱀(Behm)은 다음과 같이 결론 짓는다. "법적인 안정, 평화 또는 개인적인 충성심에 대하여 언약보다 더 확고한 보증은 없다(TDNT, II, p. 115: 참고. 암 1:9)."[20]

랍비들은 말하기를, 핍박으로 인하여 그런 성물함을 안전하게 맬 수 없을 때는 주님과 언약을 맺은 이 증표가 붉은 실로 대치되어야만 했다고 합니다. 그것은 여호수아가 라합에게 준 붉은 실에서 주님의 백성들과 언약을 맺은 관계 표시로서 사용되었습니다.

트럼블은 더 나아가 중국, 미국 인디안들, 그리고 인도에서 붉은 실이 모두 언약의 표징으로 어떻게 사용되고 있는지를 말해줍니다.

주님의 사람들을 평가하는 데 있어서 성구함들이 지니는 상징성의 지극히 큰 중요성은, 유대교와 기독교 학자들 모두가 하나의 사실로 인정해 왔다. 애굽 땅과 히브리 민족의 가정들에서 얼마 전까지도 아주 흔했던, 이러한 피로 맺은 언약의 원시적 의식이 이상하게도 사라져 버려서 그 의식의 본래적인 의미가 사라져버린 후일지라도, 율법학자들은 하나님께

---

20) Elmer B. Smick, "Covenant", in *Theological Wordbook of the Old Testament*, R. Laird Harris et al. (Chicago:Moody Press, 1980), Vol. I, pp. 128-129.

서도 이 피로 맺는 언약의 당사자로서, 성구함들을 그 언약의 표와 기념으로 걸고 계셨다고 주장하기도 한다. 파라(Farrar)가 지은 "조하"(Zohar)에서 Pt. II., Vol.2 를 참조하고, 스미드 헥켓(Smith-Hackett)의 Bible Dictionary에서 "Frontlets"(유대인이 이마에 붙이는 부적)을 참조하라. 이 사실을 뒷받침해 주는 다른 구절들 중에서 그들은 "내가 너를 내 손바닥에 새겼고"(사 49:16), "여호와께서 그 오른 손, 그 능력의 팔로 맹세하시되"(사 62:8)[21]를 인용했다.

6. 새 언약의 기념물은 무엇입니까? 고린도전서 11:26을 읽으십시오.

> 고린도전서 11:26
> 
> [26]너희가 이 떡을 먹으며 이 잔을 마실 때마다 주의 죽으심을 오실 때까지 전하는 것이니라

오 사랑하는 여러분. 여러분은 보십니까? 우리의 하나님이 얼마나 위대한 분인지를!

---

21) Trumbull, p. 234.

*Note*

*Note*

# 제 7 과

"만일 당신이 그리스도인으로서의 삶의 기준을 평범한 수준에 둔다면 하나님과 하나님의 일에 대해 전심전력하여 열심으로 헌신한다는 것은 거의 생각할 수도 없을 것이다. 두 세계를 어떻게 하면 최대한으로 이용할 것인가, 어떻게 하면 더 많이 현재의 삶을 단순하게 즐길 것인가 하는 것이 중요한 삶의 원리가 되고 그 결과로 현세에 더 많은 관심을 두게 된다. 자아를 즐겁게 하는 것이 당연하게 여겨지고, 자아를 즐겁게 하지 않는 그리스도인의 삶은 설 곳이 없다. 전심전력은 당신을 인도해 주며, 또한 그리스도의 명령을 받아들이게 하고 값진 진주를 위해 모든 것을 팔 수 있게 해 줄 것이다. 처음엔 그 말(전심전력)이 내포하는 바가 두렵겠지만, 망설이지 말고 자주 그 말을 하나님 아버지께 말씀드리라. 내가 전심전력하여 하나님을 섬기겠다고 성령께 의지하여 간구하라. 전심전력의 의미를 깨닫도록 도와 주옵시고, 하나님께서 어떤 봉사 혹은 어떤 희생을 위하여 당신을 부르셨는가를 보여 주시며 전심전력할 능력을 주시도록 기도하라. 그리고 전심전력이 얼마나 큰 축복인지를 밝히 보여 주시고 전심전력하는 태도를 언약의 하나님께 대한 헌신된 삶의 정신으로 삼게 해 달라고 간구하라!"[1]

# 제 1 일

하나님께서 왜 할례를 옛 언약의 징표로 선택하셨을까 하고 의아해한 적이 있습니까? 저는 있습니다. 제가 인도하는 반의 몇몇 자매들이 제게 다가와 나직이 말했습니다. "그렇다면 여자들에게는 무엇을 했나요? 할례를 받을 수는 없었지 않습니까?" "그것이 하나님께서 세우신 방법이었습니다"라는 말 밖에 더 대답할 말이 없었습니다. 그러나 언약을 직접 연구하고 클레이 트럼블이 통찰한 바를 읽고난 후에는 의문과 그 귀중한 자매들의 의문에 대하여 대답해 줄 수 있게 되었습니다.

1. 창세기 17:1-27을 읽고 할례에 대하여 배운 모든 것을 목록으로 작성하십시오. 할례는 하나님께서 아브라함과 맺으신 언약과 관계가 깊습니다.

    창세기 17:1-27

    ¹아브람의 구십구 세 때에 여호와께서 아브람에게 나타나서 그에게 이르시되 나는 전능한 하나님이라 너는 내 앞에서 행하여 완전하라 ²내가 내 언약을 나와 너 사이에 세워 너로 심히 번성케 하리라 하시니 ³아브람이 엎드린대 하나님이 또 그에게 일러 가라사대 ⁴내가 너와 내 언약을 세우니 너는 열국의 아비가 될지라 ⁵이제 후로는 네 이름을 아브람이라 하지 아니하고 아브라함이라 하리니 이는 내가 너로 열국의 아비가 되게 함이니라 ⁶내가 너로 심히 번성케 하리니 나라들이 네게로 좇아 일어나며 열왕이 네게로 좇아 나리라 ⁷내가 내 언약을 나와 너와 네 대대 후손의 사이

---

1) Andrew Murray, *The Two Covenants* (Old Tappan, New Jersey : Fleming H. Revell Co.), pp. 164-165.

에 세워서 영원한 언약을 삼고 너와 네 후손의 하나님이 되리라 [8]내가 너와 네 후손에게 너의 우거하는 이 땅 곧 가나안 일경으로 주어 영원한 기업이 되게 하고 나는 그들의 하나님이 되리라 [9]하나님이 또 아브라함에게 이르시되 그런즉 너는 내 언약을 지키고 네 후손도 대대로 지키라 [10]너희 중 남자는 다 할례를 받으라 이것이 나와 너희와 너희 후손 사이에 지킬 내 언약이니라 [11]너희는 양피를 베어라 이것이 나와 너희 사이의 언약의 표징이니라 [12]대대로 남자는 집에서 난 자나 혹 너희 자손이 아니요 이방 사람에게 돈으로 산 자를 무론하고 난 지 팔 일 만에 할례를 받을 것이라 [13]너희 집에서 난 자든지 너희 돈으로 산 자든지 할례를 받아야 하리니 이에 내 언약이 너희 살에 있어 영원한 언약이 되려니와 [14]할례를 받지 아니한 남자 곧 그 양피를 베지 아니한 자는 백성 중에서 끊어지리니 그가 내 언약을 배반하였음이니라 [15]하나님이 또 아브라함에게 이르시되 네 아내 사래는 이름을 사래라 하지 말고 그 이름을 사라라 하라 [16]내가 그에게 복을 주어 그로 네게 아들을 낳아주게 하며 내가 그에게 복을 주어 그로 열국의 어미가 되게 하리니 민족의 열왕이 그에게서 나리라 [17]아브라함이 엎드리어 웃으며 심중에 이르되 백 세 된 사람이 어찌 자식을 낳을까 사라는 구십 세니 어찌 생산하리요 하고 [18]아브라함이 이에 하나님께 고하되 이스마엘이나 하나님 앞에 살기를 원하나이다 [19]하나님이 가라사대 아니라 네 아내 사라가 정녕 네게 아들을 낳으리니 너는 그 이름을 이삭이라 하라 내가 그와 내 언약을 세우리니 그의 후손에게 영원한 언약이 되리라 [20]이스마엘에게 이르러는 내가 네 말을 들었나니 내가 그에게 복을 주어 생육이 중다하여 그로 크게 번성케 할지라 그가 열두 방백을 낳으리니 내가 그로 큰 나라가 되게 하려니와 [21]내 언약은 내가 명년 이 기한에 사라가 네게 낳을 이삭과 세우리라 [22]하나님이 아브라함과 말씀을 마치시고 그를 떠나 올라가셨더라 [23]이에 아브라함이 하나님이 자기에게 말씀하신 대로 이 날에 그 아들 이스마엘과 집에서 생장한 모든 자와 돈으로 산 모든 자 곧 아브라함의 집 사람 중 모든 남자를 데려다가 그 양피를 베었으니 [24]아브라함이 그 양피를 벤 때는 구십구 세이었고 [25]그 아들 이스마엘이 그 양피를 벤 때는 십삼 세이었더라 ²⁶당일에 아브라함과 그 아들 이스마엘이 할례를 받았고 ²⁷그 집의 모든 남자 곧 집에서 생장한 자와 돈으로 이방 사람에게서 사온 자가 다 그와 함께 할례를 받았더라

2. 창세기 17장에 의하면, 언약을 맺은 사람은 누구입니까? 단지 아브라함만 참여합니까?

3. 가족 간에 언약을 맺을 때는 그 언약 안에 언약 맺는 당사자의 자손(씨), 혹은 집이 포함되며, 언약은 부계에 가깝게 맺어집니다. 트럼블을 인용해 보겠습니다.

> 피로 맺은 우정의 언약은 당신의 부계에서, 즉 "허리 띠 아래에서" 당신 자신의 피를 취하여 내게 주는 것으로 완성된다 ; 언약에 의해서 당신 자신과 또한 당신의 혈통인 후대 자손들도 서약을 하는 것이다. 유대의 어린 아이가 할례를 받을 때, 그 아이는 그 할례로 인해 "아브라함의 언약에 들어간 것"이라고 흔히들 말한다. 그리고 그 아이의 대부, 혹은 보증인은 바알베리트(Baalbereeth), 즉 "언약의 장(長)"이라고 불린다.[2]

---

2) H. Clay Trumbull, The Blood Covenant (Kirkwood, Missouri: Impact Books, Inc., 1975), pp. 217-218.

4. 창세기 17장과 그 모든 함축된 뜻을 이해하면 출애굽기 4:18-26을 이해하는 데 도움이 됩니다. 모세는 이스라엘 자손을 바로의 속박에서 구출하기 위해서 애굽으로 돌아옵니다. 어떤 일이 벌어집니까? 왜 그렇습니까?

> 출애굽기 4:18-26
>
> ¹⁸모세가 장인 이드로에게로 돌아가서 그에게 이르되 내가 애굽에 있는 내 형제들에게로 돌아가서 그들이 생존하였는지 보려하오니 나로 가게 하소서 이드로가 그에게 평안히 가라 하니라 ¹⁹여호와께서 미디안에서 모세에게 이르시되 애굽으로 돌아가라 네 생명을 찾던 자가 다 죽었느니라 ²⁰모세가 그 아내와 아들들을 나귀에 태우고 애굽으로 돌아가는데 하나님의 지팡이를 손에 잡았더라 ²¹여호와께서 모세에게 이르시되 네가 애굽으로 돌아가거든 내가 네 손에 준 이적을 바로 앞에서 다 행하라 그러나 내가 그의 마음을 강퍅케 한즉 그가 백성을 놓지 아니하리니 ²²너는 바로에게 이르기를 여호와의 말씀에 이스라엘은 내 아들 내 장자라 ²³내가 네게 이르기를 내 아들을 놓아서 나를 섬기게 하라 하여도 네가 놓기를 거절하니 내가 네 아들 네 장자를 죽이리라 하셨다 하라 하시니라 ²⁴여호와께서 길의 숙소에서 모세를 만나사 그를 죽이려 하시는지라 ²⁵십보라가 차돌을 취하여 그 들의 망피를 베어 모세의 발 앞에 던지며 가로되 당신은 참으로 내게 피 남편이로다 하니 ²⁶여호와께서 모세를 놓으시니라 그 때에 십보라가 피 남편이라 함은 할례를 인함이었더라

자 이제 할례를 더 잘 이해하셨습니까? 저는 이해합니다. 그리고 자매들에게 말해 줄 수 있습니다. 그것은 씨(자손)를 통하여 된 것이므로 여자들도 포함되었다고.

# 제 2 일

하나님께서 왜 아브라함에게 이삭을 희생제물로 바치라고 하셨는지에 대해 의아해한 적이 있습니까? 저는 의아해 했고 언약을 연구하기 전까지는 사실상 그것을 이해하지 못했습니다. 그저 그 사실을 용납할 따름이었습니다. 하나님은 모든 일에 완전하시기 때문입니다. 그러나 그 언약의 함축된 뜻을 알고 얼마나 흥분하게 되었는지요!

이것이 바로 오늘 우리가 살펴볼 내용입니다.

1. 창세기 22:1-19을 읽고 다음 질문에 답하십시오.

    창세기 22:1-19

    ¹그 일 후에 하나님이 아브라함을 시험하시려고 그를 부르시되 아브라함아 하시니 그가 가로되 내가 여기 있나이다 ²여호와께서 가라사대 네 아들 네 사랑하는 독자 이삭을 데리고 모리아 땅으로 가서 내가 네게 지시하는 한 산 거기서 그를 번제로 드리라 ³아브라함이 아침에 일찌기 일어나 나귀에 안장을 지우고 두 사환과 그 아들 이삭을 데리고 번제에 쓸 나무를 쪼개어 가지고 떠나 하나님의 자기에게 지시하시는 곳으로 가더니 ⁴제 삼 일에 아브라함이 눈을 들어 그 곳을 멀리 바라본지라 ⁵이에 아브라함이 사환에게 이르되 너희는 나귀와 함께 여기서 기다리라 내가 아이와 함께 저기 가서 경배하고 너희에게로 돌아오리라 하고 ⁶아브라함이 이에 번제 나무를 취하여 그 아들 이삭에게 지우고 자기는 불과 칼을 손에 들고 두 사람이 동행하더니 ⁷이삭이 그 아비 아브라함에게 말하여 가로되 내 아버지여 하니 그가 가로되 내 아들아 내가 여기 있노라 이삭이 가로되 불과 나무는 있거니와 번제할 어린 양은 어디 있나이까 ⁸아브라함이 가로되 아들아 번제할 어린 양은 하나님이 자기를 위하여 친히 준비하시리라 하고 두 사람이 함께 나아가서 ⁹하나님이 그에게 지시하신 곳에 이른지라

이에 아브라함이 그 곳에 단을 쌓고 나무를 벌여 놓고 그 아들 이삭을 결박하여 단 나무 위에 놓고 [10]손을 내밀어 칼을 잡고 그 아들을 잡으려 하더니 [11]여호와의 사자가 하늘에서부터 그를 불러 가라사대 아브라함아 아브라함아 하시는지라 아브라함이 가로되 내가 여기 있나이다 하매 [12]사자가 가라사대 그 아이에게 네 손을 대지 말라 아무 일도 그에게 하지 말라 네가 네 아들 네 독자라도 내게 아끼지 아니하였으니 내가 이제야 네가 하나님을 경외하는 줄을 아노라 [13]아브라함이 눈을 들어 살펴본즉 한 숫양이 뒤에 있는데 뿔이 수풀에 걸렸는지라 아브라함이 가서 그 숫양을 가져다가 아들을 대신하여 번제로 드렸더라 [14]아브라함이 그 땅 이름을 여호와 이레라 하였으므로 오늘까지 사람들이 이르기를 여호와의 산에서 준비되리라 하더라 [15]여호와의 사자가 하늘에서부터 두 번째 아브라함을 불러 [16]가라사대 여호와께서 이르시기를 내가 나를 가리켜 맹세하노니 네가 이같이 행하여 네 아들 네 독자를 아끼지 아니하였은즉 [17]내가 네게 큰 복을 주고 네 씨로 크게 성하여 하늘의 별과 같고 바닷가의 모래와 같게 하리니 네 씨가 그 대적의 문을 얻으리라 [18]또 네 씨로 말미암아 천하 만민이 복을 얻으리라 이는 네가 나의 말을 준행하였음이니라 하셨다 하니라 [19]이에 아브라함이 그 사환에게로 돌아와서 함께 떠나 브엘세바에 이르러 거기 거하였더라

a. 아브라함은 이삭에게 무엇을 해야 했습니까?


b. 하나님께서 아브라함과 언약을 맺은 사실을 고려할 때 이삭과 아브라함의 관계는 어떻습니까? 점차적으로 이삭의 출생에 관해 말씀해주는 몇몇 주요 구절들을 살펴보겠습니다. 각 구절이 어떻게 아들을 가리키는지, 그리고 어떻게 이삭이라는 이름을 부르게 되는지 써보십시오.

1) 창세기 12:2

²내가 너로 큰 민족을 이루고 네게 복을 주어 네 이름을 창대케 하리니 너는 복의 근원이 될지라


2) 창세기 15:4

⁴여호와의 말씀이 그에게 임하여 가라사대 그 사람은 너의 후사가 아니라 네 몸에서 날 자가 네 후사가 되리라 하시고


3) 창세기 17:15-19, 21

¹⁵하나님이 또 아브라함에게 이르시되 네 아내 사래는 이름을 사래라 하지 말고 그 이름을 사라라 하라 ¹⁶내가 그에게 복을 주어 그로 네게 아들을 낳아주게 하며 내가 그에게 복을 주어 그로 열국의 어미가 되게 하리니 민족의 열왕이 그에게서 나리라 ¹⁷아브라함이 엎드리어 웃으며 심중에 이르되 백 세 된 사람이 어찌 자식을 낳을까 사라는 구십 세니 어찌 생산하리요 하고 ¹⁸아브라함이 이에 하나님께 고하되 이스마엘이나 하나님 앞에 살기를 원하나이다 ¹⁹하나님이 가라사대 아니라 네 아내 사라가 정녕 네게 아들을 낳으리니 너는 그 이름을 이삭이라 하라 내가 그와 내 언약을 세우리니 그의 후손에게 영원한 언약이 되리라 … ²¹내 언약은 내가 명년 이 기한에 사라가 네게 낳을 이삭과 세우리라


4) 창세기 18:10-14

¹⁰그가 가라사대 기한이 이를 때에 내가 정녕 네게로 돌아오리니 네 아내 사라에게 아들이 있으리라 하시니 사라가 그 뒤

장막문에서 들었더라 ¹¹아브라함과 사라가 나이 많아 늙었고 사라의 경수는 끊어졌는지라 ¹²사라가 속으로 웃고 이르되 내가 노쇠하였고 내 주인도 늙었으니 내게 어찌 낙이 있으리요 ¹³여호와께서 아브라함에게 이르시되 사라가 왜 웃으며 이르기를 내가 늙었거늘 어떻게 아들을 낳으리요 하느냐 ¹⁴여호와께 능치 못한 일이 있겠느냐 기한이 이를 때에 내가 네게로 돌아오리니 사라에게 아들이 있으리라

5) 창세기 21:1-5, 12

¹여호와께서 그 말씀대로 사라를 권고하셨고 여호와께서 그 말씀대로 사라에게 행하셨으므로 ²사라가 잉태하고 하나님의 말씀하신 기한에 미쳐 늙은 아브라함에게 아들을 낳으니 ³아브라함이 그 낳은 아들 곧 사라가 자기에게 낳은 아들을 이름하여 이삭이라 하였고 ⁴그 아들 이삭이 난 지 팔 일 만에 그가 하나님의 명대로 할례를 행하였더라 ⁵아브라함이 그 아들 이삭을 낳을 때에 백 세라 … ¹²하나님이 아브라함에게 이르시되 네 아이나 네 여종을 위하여 근심치 말고 사라가 네게 이른 말을 다 들으라 이삭에게서 나는 자라야 네 씨라 칭할 것임이니라

c. 만일 이삭이 죽었다면 하나님께서 언약하신 씨(후손)와 나라에 결과적으로 무슨 일이 일어나겠습니까?

2. 아브라함은 하나님께서 그와 맺은 언약을 신실히 지키시리라고 믿었습니까? 어느 정도였습니까? 히브리서 11:17-19을 읽고 질문에 답하십시오.

히 11:17-19

¹⁷아브라함은 시험을 받을 때에 믿음으로 이삭을 드렸으니 저는 약속을 받은 자로되 그 독생자를 드렸느니라 ¹⁸저에게 이미 말씀하시기를 네 자손이라 칭할 자는 이삭으로 말미암으리라 하셨으니 ¹⁹저가 하나님이 능히 죽은 자 가운데서 다시 살리실 줄로 생각한지라 비유컨대 죽은 자 가운데서 도로 받은 것이니라

a. 아브라함이 이삭을 제물로 드리려 할 때 하나님께서 하신 일은 무엇입니까?

b. 하나님께서는 아브라함이 이삭을 제물로 드리려하는 것을 중지시키시고 무슨 말씀을 하셨습니까?

3. 이제 다시 트럼블을 인용하겠습니다.

> 전 세계적으로 피로써 언약을 맺었던 사람들은 서로를 위하여 자기들의 생명뿐만 아니라, 생명 그 자체보다도 더 귀중한 것조차 줄 준비가 되어 있었거나 주기로 되어 있었다.
> 동양에서는 부모가 자기의 삶보다 자기 독자의 삶을 훨씬 더 소중히 여긴다. 그래서 자기 아들의 생명보다는 어떤 소유

---

3) Ibid., pp. 224, 225-226.

물일지라도 차라리 그 소유물을 포기할 것이다. 동양인에게는 아들 없이 죽는다는 것은 끔찍한 일이었다. 그의 삶은 실패작으로 여겨진다. 그의 미래는 텅 비었다. 그러나 자기의 자리를 물려줄 아들이 있는 사람은, 어떤 의미에서, 죽을 준비가 되어 있는 것이다. 그러므로 아들이 있는 동양인이 자기 생명을 끊든지 아들의 생명을 끊어야만 하는 선택의 기로에 서게 된다면 전자보다도 후자를 선택하는 것이 더 큰 포기가 될 것이다.[3]

4. 트럼블이 말한 바가 창세기 22장과 조화를 이룹니까? 하나님께서는 언약에 대한 아브라함의 헌신 정도를 시험하고 계셨습니까? 이것에 대답하고, 토론 시간에 같이 나누어 보십시오.

## 제 3 일

언약의 관습을 연구할 때 우리는 요나단과 다윗 사이에 맺어진 언약의 실례를 가지고 시작했습니다

사무엘상 20장에서 본 바와 같이, 요나단과 다윗은 사무엘상 18장에서 맺은 언약을 그들의 집(혹은 후손)에까지 확대 적용시켰습니다. 7과의 나머지 부분에서는 요나단의 아들 므비보셋의 생애에 그 언약이 미친 영향에 대하여 연구하고자 합니다.

1. 이제 언약을 유도하고 성취하게 하는 사건들을 자세히 읽음으로써 시작합시다.

    사무엘상 18장부터 20장까지 읽고 적절한 사실들을 기록하십시오.

2. 다윗은 이미 선지자 사무엘에게 이스라엘 왕위를 계승할 자로서 기름부음 받았다는 사실을 기억하십시오. 하나님께서는 다윗을 요나단의 아버지인 사울 이후의 시대를 감당할 인물로 설정하셨습니다. 사무엘상 16장을 읽으십시오.

3. 사무엘상 20장에서 요나단이 다윗에게 한 말 가운데, 다윗이 권좌에 오를 것을 요나단은 눈치챘습니까?

    오늘은 이것으로 충분합니다. 지금까지 읽은 것을 묵상할 때, 이 두 사람에 대해서 집중적으로 생각하도록 노력하십시오.

## 제 4 일

　오늘의 과제는 매우 간단합니다. 사무엘상 22장, 24장, 26장과 27:1-4을 읽으십시오. 읽으면서 다음에 관하여 적절한 것을 기록하십시오.

1. 요나단과 다윗 사이에 맺은 언약에 대해 사울이 언급하는 것

2. 다윗이 기회가 왔을 때도 사울을 죽이지 않은 것

언약에 관해서 이해한 것과 기억하기 원하는 것은 무엇이든지 기록해보십시오.

# 제 5 일

오늘은 모든 것이 종합되므로 흥미진진한 날이 될 것입니다.

1. 사울이 다윗을 죽이려 했음에도 불구하고, 다윗은 기회가 왔을 때에도 사울을 죽이지 않았습니다. 사무엘상 31장과 사무엘하 1장을 읽으십시오.

   a. 다윗은 자기가 왜 사울을 죽이지 않았다고 말합니까(삼상 26장)? 왜 아말렉 사람들이 죽임을 당했습니까?(삼하 1장) 여러분이 통찰한 바를 쓰십시오.

b. 사무엘하 1장에 따르면, 다윗은 요나단의 우정에 관하여 어떻게 느꼈습니까?

2. 이제, 사무엘하 4장으로 가서 다윗에게는 알려지지 않은 다른 사건 즉, 사울과 요나단이 죽었다는 소식으로 인해 생긴 사건을 살펴보겠습니다. 사무엘하 4:4을 읽고 적절한 사실을 기록하십시오.

> 사무엘하 4:4
>
> 4사울의 아들 요나단에게 절뚝발이 아들 하나가 있으니 이름은 므비보셋이라 전에 사울과 요나단의 죽은 소식이 이스르엘에서 올 때에 그 나이 다섯 살이었는데 그 유모가 안고 도망하더니 급히 도망하므로 아이가 떨어져 절게 되었더라

3. 사울이 죽을 때 왕좌의 계승자는 그의 후손 중 한 사람이 되어야 마땅할 것입니다.

a. 전쟁에서 죽은 사울의 세 아들은 누구입니까?(삼상 31:2)

> 사무엘상 31:2
>
> 2블레셋 사람들이 사울과 그 아들들을 쫓아 미쳐서 사울의 아들 요나단과 아비나답과 말기수아를 죽이니라

b. 사무엘하 2:1-11을 읽으십시오. 사울이 죽은 뒤 이스라엘 왕국이 어떻게 분열되었습니까?

사무엘하 2:1-11

¹그 후에 다윗이 여호와께 물어 가로되 내가 유다 한 성으로 올라가리이까 여호와께서 가라사대 올라가라 다윗이 가로되 어디로 가리이까 가라사대 헤브론으로 갈지니라 ²다윗이 그 두 아내 이스르엘 여인 아히노암과 갈멜 사람 나발의 아내 되었던 아비가일을 데리고 그리로 올라갈 때에 ³또 자기와 함께한 종자들과 그들의 권속들을 다 데리고 올라가서 헤브론 각 성에 거하게 하니라 ⁴유다 사람들이 와서 거기서 다윗에게 기름을 부어 유다 족속의 왕을 삼았더라 혹이 다윗에게 고하여 가로되 사울을 장사한 사람은 길르앗 야베스 사람들이니이다 하매 ⁵다윗이 길르앗 야베스 사람들에게 사자들을 보내어 가로되 너희가 너희 주 사울에게 이처럼 은혜를 베풀어 장사하였으니 여호와께 복을 받을지어다 ⁶너희가 이 일을 하였으니 이제 여호와께서 은혜와 진리로 너희에게 베푸시기를 원하고 나도 이 선한 일을 너희에게 갚으리니 ⁷이제 너희는 손을 강하게 하고 담대히 할지어다 너희 주 사울이 죽었고 또 유다 족속이 내게 기름을 부어 저희의 왕을 삼았음이니라 ⁸사울의 군장 넬의 아들 아브넬이 이미 사울의 아들 이스보셋을 데리고 마하나임으로 건너가서 ⁹길르앗과 아술과 이스르엘과 에브라임과 베냐민과 온 이스라엘의 왕을 삼았더라 ¹⁰사울의 아들 이스보셋이 비로소 이스라엘 왕이 될 때에 나이 사십 세며 두 해 동안 위에 있으니라 유다 족속은 다윗을 따르니 ¹¹다윗이 헤브론에서 유다 족속의 왕이 된 날 수는 일곱 해 여섯 달이더라

c. 사무엘하 3:1을 읽어보면, 분열된 왕국의 상태가 어떠합니까?

사무엘하 3:1

¹사울의 집과 다윗의 집 사이에 전쟁이 오래매 다윗은 점점 강하여 가고 사울의 집은 점점 약하여 가니라

d. 사울의 아들 이스보셋이 어떻게 죽었습니까? 그의 죽음을 둘러 싸고 있는 사건들도 기록하십시오(삼하 4:1, 5-12).

사무엘하 4:1, 5-12

¹사울의 아들 이스보셋이 아브넬의 헤브론에서 죽었다 함을 듣고 손 맥이 풀렸고 온 이스라엘이 놀라니라
⁵브에롯 사람 림몬의 아들 레갑과 바아나가 행하여 볕이 쬘 때 즈음에 이스보셋의 집에 이르니 마침 저가 낮잠을 자는지라 ⁶레갑과 그 형제 바아나가 밀을 가지러 온 체하고 집 가운데로 들어가서 그 배를 찌르고 도망하였더라 ⁷저희가 집에 들어가니 이스보셋이 침실에서 상 위에 누웠는지라 저를 쳐죽이고 목을 베어 그 머리를 가지고 밤새도록 아라바 길로 행하여 ⁸헤브론에 이르러 다윗 왕에게 이스보셋의 머리를 드리며 고하되 왕의 생명을 해하려 하던 원수 사울의 아들 이스보셋의 머리가 여기 있나이다 여호와께서 오늘 우리 주 되신 왕의 원수를 사울과 그 자손에게 갚으셨나이다 ⁹다윗이 브에롯 사람 림몬의 아들 레갑과 그 형제 바아나에게 대답하여 가로되 내 생명을 여러 환난 가운데서 건지신 여호와의 사심을 가리켜 맹세하노니 ¹⁰전에 사람이 내게 고하기를 사울이 죽었다 하며 좋은 소식을 전하는 줄로 생각하였어도 내가 저를 잡아 시글락에서 죽여서 그것으로 그 기별의 갚음을 삼았거든 ¹¹하물며 악인이 의인을 그 집 침상 위에서 죽인 것이겠느냐 그런즉 내가 저의 피 흘린 죄를 너희에게 갚아서 너희를 이 땅에서 없이 하지 아니하겠느냐 하고 ¹²소년들을 명하매 곧 저희를 죽이고 수족을 베어 헤브론 못가에 매어달고 이스보셋의 머리를 가져다가 헤브론에서 아브넬의 무덤에 장사하였더라

e. 이제 다윗이 어떻게 온 이스라엘 나라의 왕이 되는지를 쓰십시오.(삼하 5:1-5, 9-12)

사무엘하 5:1-5, 9-12

¹이스라엘 모든 지파가 헤브론에 이르러 다윗에게 나아와 말하여 가로되 보소서 우리는 왕의 골육이니이다 ²전일 곧 사울이 우리의 왕이 되었을 때에도 이스라엘을 거느려 출입하게 한 자는 왕이시었고 여호와께서도 왕에게 말씀하시기를 네가 내 백성 이스라엘의 목자가 되며 이스라엘의 주권자가 되리라 하셨나이다 하니라 ³이에 이스라엘 모든 장로가 헤브론에 이르러 왕에게 나아오매 다윗 왕이 헤브론에서 여호와 앞에서 저희와 언약을 세우매 저희가 다윗에게 기름을 부어 이스라엘 왕을 삼으니라 ⁴다윗이 삼십 세에 위에 나아가서 사십 년을 다스렸으되 ⁵헤브론에서 칠 년 육 개월 동안 유다를 다스렸고 예루살렘에서 삼십삼 년 동안 온 이스라엘과 유다를 다스렸더라 … ⁹다윗이 그 산성에 거하여 다윗 성이라 이름하고 밀로에서부터 안으로 성을 둘러 쌓으니라 ¹⁰만군의 하나님 여호와께서 함께 계시니 다윗이 점점 강성하여 가니라 ¹¹두로 왕 히람이 다윗에게 사자들과 백향목과 목수와 석수를 보내매 저희가 다윗을 위하여 집을 지으니 ¹²다윗이 여호와께서 자기를 세우사 이스라엘 왕을 삼으신 것과 그 백성 이스라엘을 위하여 그 나라를 높이신 것을 아니라

4. 요나단이 다윗에게 언약한 내용을 상기해 보십시오. 사무엘상 20:15을 읽어보십시오.

¹⁵여호와께서 너 다윗의 대적들을 지면에서 다 끊어 버리신 때에도 너는 네 인자를 내 집에서 영영히 끊어 버리지 말라 하고

5. 이야기의 아름다운 절정이 다가오고 있습니다. 사무엘하 9장을 읽으십시오. 그 장이 어떻게 언약에 관련되는지를 다른 사람에게 설명할 수 있도록 설명서를 작성해 보십시오. 므비보셋을 생각해 보십시오. 그가 누구였는가, 어디에서 살았는가, 왜 그가 무서워 하였을까, 그가 해야만 했던 결정은 무엇이었는가, 그에게 주어진 것은 왜 주어졌는가? "죽은 개"라는 말은 언짢은 쓰레기 조각에 대한 히브리 사상입니다.

사무엘하 9장

¹다윗이 가로되 사울의 집에 오히려 남은 사람이 있느냐 내가 요나단을 인하여 그 사람에게 은총을 베풀리라 하니라 ²사울의 종 하나가 있으니 그 이름은 시바라 저를 다윗의 앞으로 부르매 왕이 저에게 묻되 네가 시바냐 가로되 종이 그로소이다 ³왕이 가로되 사울의 집에 남은 사람이 없느냐 내가 그 사람에게 하나님의 은총을 베풀고자 하노라 시바가 왕께 고하되 요나단의 아들 하나가 있는데 절뚝발이니이다 ⁴왕이 저에게 묻되 그가 어디 있느냐 시바가 왕에게 고하되 로드발 암미엘의 아들 마길의 집에 있나이다 ⁵다윗 왕이 사람을 보내어 로드발 암미엘의 아들 마길의 집에서 저를 데려오니 사울의 손자 요나단의 아들 므비보셋이 다윗에게 나아와서 엎드려 절하매 다윗이 가로되 므비보셋이여 하니 대답하되 주의 종이 여기 있나이다 ⁷다윗이 가로되 무서워 말라 내가 반드시 네 아비 요나단을 인하여 네게 은총을 베풀리라 내가 네 조부 사울의 밭을 다 네게 도로 주겠고 또 너는 항상 내 상에서 먹을지니라 ⁸저가 절하여 가로되 이 종이 무엇이관대 왕께서 죽은 개 같은 나를 돌아보시나이까 ⁹왕이 사울의 사환 시바를 불러서 이르되 사울과 그 온 집에 속한 것은 내가 다 네 주인의 아들에게 주었노니 ¹⁰너와 네 아들들과 네 종들은 저를 위하여 밭을 갈고 거두어 네 주인의 아들을 공궤하라 그러나 네 주인의 아들 므비보셋은 항상 내 상에서 먹으리라 하니라 시바는 아들이 열 다섯이요 종이 스물이라 ¹¹시바가 왕께 고하되 내 주 왕께서 온갖

일을 종에게 명하신대로 종이 준행하겠나이다 하니라 므비보셋은 왕자 중 하나처럼 왕의 상에서 먹으니라 ¹²므비보셋에게 젊은 아들 하나가 있으니 이름은 미가더라 무릇 시바의 집에 거하는 자들은 므비보셋의 종이 되니라 ¹³므비보셋이 항상 왕의 상에서 먹으므로 예루살렘에 거하니라 그는 두 발이 다 절뚝이더라

우리는 언약의 여러 가지 표징 혹은 단계를 모두 살펴보았습니다. 다음 주에는 옛 언약과 새 언약을 흥미진진하게 살펴보겠습니다. 지금 생명이 다한다 해도 혹은 생명을 주시는 분이 언젠가 가까운 장래에 생명을 거두시는 그 날, 하나님께 인정받는 일꾼, 부끄러울 것이 없는 일꾼이 되기 위하여 부지런히 말씀을 연구하는 여러분에게 하나님께서 풍성한 복을 주시기를 기도합니다.(저는 그날이 우리가 생각하고 있는 것보다 훨씬 가까이 왔다고 믿습니다!)

*Note*

*Note*

# 제 8 과

"이것이 첫번째 계약과 두번째 계약이 있어야 하는 이유이기도 하다. 첫번째 계약에 있어서는 인간의 갈망과 노력이 충분히 발휘되고 외부의 교훈과 이적들과 은혜의 수단을 보조물로 하여 인간 자신의 본성이 성취할 수 있는 것을 충분히 시험할 시간이 인간에게 주어졌다. 인간의 완전한 무력함과 절망적인 속박이 죄의 권세하에서 발견되었을 때, 새 계약이 수립되었다. 하나님은 그 새 계약에서 인간의 죄, 하나님 자신과 피조물로부터 참되게 해방되는 자유, 그리고 인간의 참된 고귀성과 그가 가지고 있는 하나님의 형상은 하나님을 전적이고도 절대적으로 의지하는 것과 하나님께서 인간 안에 계시고 인간 안에서 모든 것을 행하시는 데서 발견된다는 것을 나타내셨다."[1]

"그러나 이제 그가 더 아름다운 직분을 얻으셨으니 이는 더 좋은 약속으로 세우신 더 좋은 언약의 중보시라 저 첫 언약이 무흠하였더면…" (히 8:6-7).

---

[1] Andrew Murray, *The Two Covenants*, (Old Tappan, New Jersey : Fleming H. Revell Co.), pp. 13-14.

## 제 1 일 - 제 2 일

우리는 앞에서 하나님께서 사람과 맺은 기록된 언약 중 첫번째 것인 노아의 언약을 살펴보고 언약 맺는 여러 가지 관습을 연구했습니다. 이제는 연구의 방향을 세 가지 구원의 언약으로 돌려보겠습니다 : 아브라함의 언약, 옛 언약, 그리고 새 언약.

본 과의 서두에 언급된 히브리서 8:6-7의 두 언약은 은혜의 새 언약이 되는 더 좋은 약속과 옛 언약 혹은 율법을 가리키는 첫 언약입니다.

금주의 목표는 여러분이 이 세 가지 언약에 대하여 가능한한 많이 익혀두는 것입니다. 이것을 통해 히브리서나 갈라디아서에 그것이 언급될 때 잘 이해할 수 있는 기초를 가지기 바랍니다.

우선, 아브라함의 언약을 살펴본 후 옛 언약과 새 언약을 살펴보겠습니다. 다음의 사실들은 다음 두 과에 대한 개관입니다. 이것은 참고하도록 하기 위해, 그리고 연구의 계속성을 위해 제시해 드립니다. 세 가지 언약에 관한 사건과 사실을 간단하게 정리함으로 시작하겠습니다.

1) 하나님께서는 아브라함과 언약을 맺으시고 기본적으로 두 가지 사항 즉, 씨(후손)와 땅을 약속하셨다. 이 언약은 또한 이삭과 야곱 그리고 그의 자손들과도 맺어진 것이었다.

2) 430년 후에 하나님께서는 이스라엘 나라와 율법의 언약을 맺으셨다.

3) 모세는 그 언약의 중재자였다. 하나님께서는 모세에게 말씀하셨고, 모세는 백성들에게 전했다.

4) 지상의 장막은 하늘에 있는 하나님의 장막을 본떠서 지어졌다.

5) 장막은 옛 언약의 한 구성요소로 사용되었다. 지상장막과 옛 언

약과의 관계는, 하늘에 있는 참 장막과 새 언약의 관계와 같다.

6) 예레미야 선지자를 통하여 하나님께서는 새 언약을 약속하셨다.

7) 예수 그리스도로 말미암아 새 언약이 시작되었을 때, 옛 언약은 구식이 되었다.

아브라함의 언약을 살펴봅시다. 다음 구절들을 읽고 이 언약 아래서 하나님이 약속하시는 바가 무엇인지 간단히 기록하십시오. 그리고 그것이 누구에게 약속된 것이며 얼마나 오랫동안 약속의 효력이 있는지를 쓰십시오.

1. 이 시점에서 언약은 아직 언급되지 않았습니다. 그러나 이 약속들은 아브라함의 언약과 관계가 있습니다. 그러므로 창세기 12:1-9과 창세기 13:14-18을 읽고 누구에게, 얼마나 오랫동안, 그리고 어떠한 내용이 약속되었는지 쓰십시오. 본문 내에서 답을 찾으시기 바랍니다.

> 창세기 12:1-9
>
> ¹여호와께서 아브람에게 이르시되 너는 너의 본토 친척 아비 집을 떠나 내가 네게 지시할 땅으로 가라 ²내가 너로 큰 민족을 이루고 네게 복을 주어 네 이름을 창대케 하리니 너는 복의 근원이 될지라 ³너를 축복하는 자에게는 내가 복을 내리고 너를 저주하는 자에게는 내가 저주하리니 땅의 모든 족속이 너를 인하여 복을 얻을 것이니라 하신지라 ⁴이에 아브람이 여호와의 말씀을 좇아갔고 롯도 그와 함께 갔으며 아브람이 하란을 떠날 때에 그 나이 칠십오 세였더라 ⁵아브람이 그 아내 사래와 조카 롯과 하란에서 모은 모든 소유와 얻은 사람들을 이끌고 가나안 땅으로 가려고 떠나서 마침내 가나안 땅에 들어갔더라 ⁶아브람이 그 땅을 통과하여 세겜 땅 모레 상수리나무에 이르니 그 때에 가나안 사람

이 그 땅에 거하였더라 ⁷여호와께서 아브람에게 나타나 가라사대 내가 이 땅을 네 자손에게 주리라 하신지라 그가 자기에게 나타나신 여호와를 위하여 그 곳에 단을 쌓고 ⁸거기서 벧엘 동편 산으로 옮겨 장막을 치니 서는 벧엘이요 동은 아이라 그가 그 곳에서 여호와를 위하여 단을 쌓고 여호와의 이름을 부르더니 ⁹점점 남방으로 옮겨 갔더라

창세기 13:14-18

¹⁴롯이 아브람을 떠난 후에 여호와께서 아브람에게 이르시되 너는 눈을 들어 너 있는 곳에서 동서 남북을 바라보라 ¹⁵보이는 땅을 내가 너와 네 자손에게 주리니 영원히 이르리라 ¹⁶내가 네 자손으로 땅의 티끌 같게 하리니 사람이 땅의 티끌을 능히 셀 수 있을진대 네 자손도 세리라 ¹⁷너는 일어나 그 땅을 종과 횡으로 행하여 보라 내가 그것을 네게 주리라 ¹⁸이에 아브람이 장막을 옮겨 헤브론에 있는 마므레 상수리 수풀에 이르러 거하며 거기서 여호와를 위하여 단을 쌓았더라

2. 다시 창세기 15장을 읽어보십시오. 여러분은 곧 이 장을 심령으로 알게 될 것입니다. 창세기 15:5-21을 읽고 같은 방법으로 답해 보십시오. 이 장을 연구할 때는 특별히 13, 14, 16절을 주의깊게 살펴보십시오. 이 말씀은 내일 중요한 의미를 던져 주게 될 것입니다.

창세기 15:5-21

⁵그를 이끌고 밖으로 나가 가라사대 하늘을 우러러 뭇 별을 셀 수 있나 보라 또 그에게 이르시되 네 자손이 이와 같으리라 ⁶아브람이 여호와를 믿으니 여호와께서 이를 그의 의로 여기시고 ⁷또 그에게 이르시되 나는 이 땅을 네게 주어 업을 삼게 하려고 너를 갈대아 우르에서 이끌어 낸 여호와로라 ⁸그가 가로되 주 여호와여 내가 이 땅으로 업을 삼을 줄을 무엇으로 알리이까 ⁹여호와께서 그에게 이르시되 나를 위하여 삼 년 된 암소와 삼 년 된 암염소와 삼 년 된 숫양과 산비둘기와 집비둘기 새끼를 취할지니라 ¹⁰아브람이 그 모든 것을 취하여 그 중간을 쪼개고 그 쪼갠 것을 마주 대하여 놓고 그 새는 쪼개지 아니하였으며 ¹¹솔개가 그 사체 위에 내릴 때에는 아브람이 쫓았더라 ¹²해질 때에 아브람이 깊이 잠든 중에 캄캄함이 임하므로 심히 두려워하더니 ¹³여호와께서 아브람에게 이르시되 너는 정녕히 알라 네 자손이 이방에서 객이 되어 그들을 섬기겠고 그들은 사백 년 동안 네 자손을 괴롭게 하리니 ¹⁴그 섬기는 나라를 내가 징치할지며 그 후에 네 자손이 큰 재물을 이끌고 나오리라 ¹⁵너는 장수하다가 평안히 조상에게로 돌아가 장사될 것이요 ¹⁶네 자손은 사 대 만에 이 땅으로 돌아오리니 이는 아모리 족의 죄악이 아직 관영치 아니함이니라 하시더니 ¹⁷해가 져서 어둘 때에 연기 나는 풀무가 보이며 타는 횃불이 쪼갠 고기 사이로 지나더라 ¹⁸그 날에 여호와께서 아브람으로 더불어 언약을 세워 가라사대 내가 이 땅을 애굽 강에서부터 그 큰 강 유브라데까지 네 자손에게 주노니 ¹⁹곧 겐 족속과 그니스 족속과 갓몬 족속과 ²⁰헷 족속과 브리스 족속과 르바 족속과 ²¹아모리 족속과 가나안 족속과 기르가스 족속과 여부스 족속의 땅이니라 하셨더라

3. 아브라함 언약에서 씨(자손)의 약속은 갈라디아서 3:16에 설명되어 있습니다. 그것을 읽고 그 씨가 누구인지를 기록하십시오.

> 갈라디아서 3:16
>
> ¹⁶이 약속들은 아브라함과 그 자손에게 말씀하신 것인데 여럿을 가리켜 그 자손들이라 하지 아니하시고 오직 하나를 가리켜 네 자손이라 하셨으니 곧 그리스도라

4. 창세기 17:1-21. 누구에게 무슨 약속을 하였고 그 약속의 기간은 얼마나 됩니까?

> 창세기 17:1-21
>
> ¹아브람의 구십구 세 때에 여호와께서 아브람에게 나타나서 그에게 이르시되 나는 전능한 하나님이라 너는 내 앞에서 행하여 완전하라 ²내가 내 언약을 나와 너 사이에 세워 너로 심히 번성케 하리라 하시니 ³아브람이 엎드린대 하나님이 또 그에게 일러 가라사대 ⁴내가 너와 내 언약을 세우니 너는 열국의 아비가 될지라 ⁵이제 후로는 네 이름을 아브람이라 하지 아니하고 아브라함이라 하리니 이는 내가 너로 열국의 아비가 되게 함이니라 ⁶내가 너로 심히 번성케 하리니 나라들이 네게로 좇아 일어나며 열왕이 네게로 좇아 나리라 ⁷내가 내 언약을 나와 너와 네 대대 후손의 사이에 세워서 영원한 언약을 삼고 너와 네 후손의 하나님이 되리라 ⁸내가 너와 네 후손에게 너의 우거하는 이 땅 곧 가나안 일경으로 주어 영원한 기업이 되게 하고 나는 그들의 하나님이 되리라 ⁹하나님이 또 아브라함에게 이르시되 그런즉 너는 내 언약을 지키고 네 후손도 대대로 지키라 ¹⁰너희 중 남자는 다 할례를 받으라 이것이 나와 너희와 너희 후손 사이에 지킬 내 언약이니라 ¹¹너희는 양피를 베어라 이것이 나와 너희 사이의 언약의 표징이니라 ¹²대대로 남자는 집에서 난 자나 혹 너희 자손이 아니요 이방 사람에

게서 돈으로 산 자를 무론하고 난 지 팔 일 만에 할례를 받을 것이라 ¹³너희 집에서 난 자든지 너희 돈으로 산 자든지 할례를 받아야 하리니 이에 내 언약이 너희 살에 있어 영원한 언약이 되려니와 ¹⁴할례를 받지 아니한 남자 곧 그 양피를 베지 아니한 자는 백성 중에서 끊어지리니 그가 내 언약을 배반하였음이니라 ¹⁵하나님이 또 아브라함에게 이르시되 네 아내 사래는 이름을 사래라 하지 말고 그 이름을 사라라 하라 ¹⁶내가 그에게 복을 주어 그로 네게 아들을 낳아주게 하며 내가 그에게 복을 주어 그로 열국의 어미가 되게 하리니 민족의 열왕이 그에게서 나리라 ¹⁷아브라함이 엎드리어 웃으며 심중에 이르되 백 세 된 사람이 어찌 자식을 낳을까 사라는 구십 세니 어찌 생산하리요 하고 ¹⁸아브라함이 이에 하나님께 고하되 이스마엘이나 하나님 앞에 살기를 원하나이다 ¹⁹하나님이 가라사대 아니라 네 아내 사라가 정녕 네게 아들을 낳으리니 너는 그 이름을 이삭이라 하라 내가 그와 내 언약을 세우리니 그의 후손에게 영원한 언약이 되리라 ²⁰이스마엘에게 이르러는 내가 네 말을 들었나니 내가 그에게 복을 주어 생육이 중다하여 그로 크게 번성케 할지라 그가 열두 방백을 낳으리니 내가 그로 큰 나라가 되게 하려니와 ²¹내 언약은 내가 명년 이 기한에 사라가 네게 낳을 이삭과 세우리라

5. 마지막으로 창세기 26:1-6, 24-25을 살펴보십시오.

   창세기 26:1-6, 24-25

   ¹아브라함 때에 첫 흉년이 들었더니 그 땅에 또 흉년이 들매 이삭이 그랄로 가서 블레셋 왕 아비멜렉에게 이르렀더니 ²여호와께서 이삭에게 나타나 가라사대 애굽으로 내려가지 말고 내가 네게 지

시하는 땅에 거하라 ³이 땅에 유하면 내가 너와 함께 있어 네게 복을 주고 내가 이 모든 땅을 너와 네 자손에게 주리라 내가 네 아비 아브라함에게 맹세한 것을 이루어 ⁴네 자손을 하늘의 별과 같이 번성케 하며 이 모든 땅을 네 자손에게 주리니 네 자손을 인하여 천하 만민이 복을 받으리라 ⁵이는 아브라함이 내 말을 순종하고 내 명령과 내 계명과 내 율례와 내 법도를 지켰음이니라 하시니라 ⁶이삭이 그랄에 거하였더니

²⁴그 밤에 여호와께서 그에게 나타나 가라사대 나는 네 아비 아브라함의 하나님이니 두려워 말라 내 종 아브라함을 위하여 내가 너와 함께 있어 네게 복을 주어 네 자손으로 번성케 하리라 하신지라 ²⁵이삭이 그 곳에 단을 쌓아 여호와의 이름을 부르고 거기 장막을 쳤더니 그 종들이 거기서도 우물을 팠더라

## 제 3 일

어제 여러분은 아브라함의 언약이 이삭과 그의 후손에게도 관련되어 있음을 알았습니다. 이삭에게는 두 아들 곧 에서와 야곱이 있었습니다. 언약은 두 사람 모두에게 해당되었습니까? 아닙니다. 야곱에게만 해당되었습니다(창 25:23, 33, 34).

1. 창세기 28:10-22을 읽으십시오. 이 구절이 제가 야곱에 대하여 말한 사실을 어떻게 보완해 주고 있습니까?

창세기 28 :10-22

¹⁰야곱이 브엘세바에서 떠나 하란으로 향하여 가더니 ¹¹한 곳에 이르러는 해가 진지라 거기서 유숙하려고 그 곳의 한 돌을 취하여 베개하고 거기 누워 자더니 ¹²꿈에 본즉 사닥다리가 땅 위에 섰는데 그 꼭대기가 하늘에 닿았고 또 본즉 하나님의 사자가 그 위에서 오르락 내리락하고 ¹³또 본즉 여호와께서 그 위에 서서 가라사대 나는 여호와니 너의 조부 아브라함의 하나님이요 이삭의 하나님이라 너 누운 땅을 내가 너와 네 자손에게 주리니 ¹⁴네 자손이 땅의 티끌같이 되어서 동서 남북에 편만할지며 땅의 모든 족속이 너와 네 자손을 인하여 복을 얻으리라 ¹⁵내가 너와 함께 있어 네가 어디로 가든지 너를 지키며 너를 이끌어 이 땅으로 돌아오게 할지라 내가 네게 허락한 것을 다 이루기까지 너를 떠나지 아니하리라 하신지라 ¹⁶야곱이 잠이 깨어 가로되 여호와께서 과연 여기 계시거늘 내가 알지 못하였도다 ¹⁷이에 두려워하여 가로되 두렵도다 이 곳이여 다른 것이 아니라 이는 하나님의 전이요 이는 하늘의 문이로다 하고 ¹⁸야곱이 아침에 일찌기 일어나 베개하였던 돌을 가져 기둥으로 세우고 그 위에 기름을 붓고 ¹⁹그 곳 이름을 벧엘이라 하였더라 이 성의 본 이름은 루스더라 ²⁰야곱이 서원하여 가로되 하나님이 나와 함께 계시사 내가 가는 이 길에서 나를 지키시고 먹을 양식과 입을 옷을 주사 ²¹나로 평안히 아비 집으로 돌아가게 하시오면 여호와께서 나의 하나님이 되실 것이요 ²²내가 기둥으로 세운 이 돌이 하나님의 전이 될 것이요 하나님께서 내게 주신 모든 것에서 십분 일을 내가 반드시 하나님께 드리겠나이다 하였더라

2. 언약은 그 다음에 야곱의 후손들에게 전해집니다(창 28:13). 야곱의 이름을 하나님께서 "이스라엘"로 바꾸셨습니다.

a. 창세기 32:24-30을 읽고 그의 이름을 바꾸게 되는 경위에 대하여 기록하십시오.

   창세기 32:24-30

   ²⁴야곱은 홀로 남았더니 어떤 사람이 날이 새도록 야곱과 씨름하다가 ²⁵그 사람이 자기가 야곱을 이기지 못함을 보고 야곱의 환도뼈를 치매 야곱의 환도뼈가 그 사람과 씨름할 때에 위골되었더라 ²⁶그 사람이 가로되 날이 새려하니 나로 가게 하라 야곱이 가로되 당신이 내게 축복하지 아니하면 가게 하지 아니하겠나이다 ²⁷그 사람이 그에게 이르되 네 이름이 무엇이냐 그가 가로되 야곱이니이다 ²⁸그 사람이 가로되 네 이름을 다시는 야곱이라 부를 것이 아니요 이스라엘이라 부를 것이니 이는 네가 하나님과 사람으로 더불어 겨루어 이기었음이니라 ²⁹야곱이 청하여 가로되 당신의 이름을 고하소서 그 사람이 가로되 어찌 내 이름을 묻느냐 하고 거기서 야곱에게 축복한지라 ³⁰그러므로 야곱이 그 곳 이름을 브니엘이라 하였으니 그가 이르기를 내가 하나님과 대면하여 보았으나 내 생명이 보전되었다 함이더라

b. 이제 창세기 35:9-15을 읽고, 누구에게 그 언약이 전수되는지 쓰십시오.

   창세기 35:9-15

   ⁹야곱이 밧단아람에서 돌아오매 하나님이 다시 야곱에게 나타나사 그에게 복을 주시고 ¹⁰그에게 이르시되 네 이름이 야곱이다마는 네 이름을 다시는 야곱이라 부르지 않겠고 이스라엘이 네 이름이 되리라 하시고 그가 그의 이름을 이스라엘이라 부르시고 ¹¹ 그에게 이르시되 나는 전능한 하나님이니라 생육하며 번성하라

국민과 많은 국민이 네게서 나고 왕들이 네 허리에서 나오리라 ¹² 내가 아브라함과 이삭에게 준 땅을 네게 주고 내가 네 후손에게도 그 땅을 주리라 하시고 ¹³하나님이 그와 말씀하시던 곳에서 그를 떠나 올라가시는지라 ¹⁴야곱이 하나님의 자기와 말씀하시던 곳에 기둥 곧 돌 기둥을 세우고 그 위에 전제물을 붓고 또 그 위에 기름을 붓고 ¹⁵하나님이 자기와 말씀하시던 곳의 이름을 벧엘이라 불렀더라

3. 이스라엘로 재명명된 야곱에게는 열 두 아들이 있었습니다. 이 열 두 아들들은 이스라엘 열두 지파의 조상이 되었습니다(창 49:1-28). 그리하여 이스라엘이라는 나라가 존재하게 됩니다. 아브라함에게 약속했던 언약은 이스라엘에게 전해졌습니다. 창세기는 이스라엘과 그의 열 두 아들이 애굽에 사는 것으로 끝이 납니다. 그리고 하나님께서 아브라함에게 언약으로 주신 유업의 땅 가나안에 기근이 들자, 이 기근을 피하여 그들의 형제 요셉의 보호를 받고 들어갔던 땅이 바로 애굽입니다.

그들은 그곳에서 요셉 시대의 왕인 바로가 죽기까지 자유인으로 살았습니다. 그 후 그들은 애굽의 노예가 되었습니다. 얼마나 오랫동안 노예로 있었습니까? 창세기 15:13을 읽고 질문에 답하십시오.

창세기 15:13

¹³여호와께서 아브람에게 이르시되 너는 정녕히 알라 네 자손이 이방에서 객이 되어 그들을 섬기겠고 그들은 사백 년 동안 네 자손을 괴롭게 하리니

4. 출애굽기 1:8-14을 읽으십시오. 애굽에서 그들의 상태는 어떠했습니까?

> 출애굽기 1:8-14
>
> ⁸요셉을 알지 못하는 새 왕이 일어나서 애굽을 다스리더니 ⁹그가 그 신민에게 이르되 이 백성 이스라엘 자손이 우리보다 많고 강하도다 ¹⁰자, 우리가 그들에게 대하여 지혜롭게 하자 두렵건대 그들이 더 많게 되면 전쟁이 일어날 때에 우리 대적과 합하여 우리와 싸우고 이 땅에서 갈까 하노라 하고 ¹¹감독들을 그들 위에 세우고 그들에게 무거운 짐을 지워 괴롭게 하여 그들로 바로를 위하여 국고성 비돔과 라암셋을 건축하게 하니라 ¹²그러나 학대를 받을수록 더욱 번식하고 창성하니 애굽 사람이 이스라엘 자손을 인하여 근심하여 ¹³이스라엘 자손의 역사를 엄하게 하여 ¹⁴고역으로 그들의 생활을 괴롭게 하니 곧 흙 이기기와 벽돌 굽기와 농사의 여러 가지 일이라 그 시키는 역사가 다 엄하였더라

5. 모세의 목숨은 바로의 딸이 그를 양자로 삼음으로 연명됩니다. 그는 성장한 후 애굽 사람을 살인하게 되어 미디안 땅으로 도망갑니다. 그리고 십보라와 결혼하게 됩니다. 이제 출애굽기 2:23-25을 읽으십시오. 무엇이 하나님께 상달되었으며 왜 그랬습니까?

> 출애굽기 2:23-25
>
> ²³여러 해 후에 애굽 왕은 죽었고 이스라엘 자손은 고역으로 인하여 탄식하며 부르짖으니 그 고역으로 인하여 부르짖는 소리가 하나님께 상달한지라 ²⁴하나님이 그 고통 소리를 들으시고 아브라함과 이삭과 야곱에게 세운 그 언약을 기억하사 ²⁵이스라엘 자손을 권념하셨더라

6. 이제 출애굽기 2:23-25과 출애굽기 6:1-8을 비교해 보고 다음에 답하십시오.

   출애굽기 6:1-8

   ¹여호와께서 모세에게 이르시되 이제 내가 바로에게 하는 일을 네가 보리라 강한 손을 더하므로 바로가 그들을 보내리라 강한 손을 더하므로 바로가 그들을 그 땅에서 쫓아내리라 ²하나님이 모세에게 말씀하여 가라사대 나는 여호와로라 ³내가 아브라함과 이삭과 야곱에게 전능의 하나님으로 나타났으나 나의 이름을 여호와로는 그들에게 알리지 아니하였고 ⁴가나안 땅 곧 그들의 우거하는 땅을 주기로 그들과 언약하였더니 ⁵이제 애굽 사람이 종을 삼은 이스라엘 자손의 신음을 듣고 나의 언약을 기억하노라 ⁶그러므로 이스라엘 자손에게 말하기를 나는 여호와라 내가 애굽 사람의 무거운 짐 밑에서 너희를 빼어내며 그 고역에서 너희를 건지며 편 팔과 큰 재앙으로 너희를 구속하여 ⁷너희로 내 백성을 삼고 나는 너희 하나님이 되리니 나는 애굽 사람의 무거운 짐 밑에서 너희를 빼어낸 너희 하나님 여호와인 줄 너희가 알지라 ⁸내가 아브라함과 이삭과 야곱에게 주기로 맹세한 땅으로 너희를 인도하고 그 땅을 너희에게 주어 기업을 삼게 하리라 나는 여호와로라 하셨다 하라

   a. 하나님께서는 누구와 자신의 언약을 세우십니까?

   b. 하나님께서는 왜 그들을 애굽에서 구하시려고 했습니까?

   c. 출애굽기 6:4, 8에 의하면 하나님께서는 그들에게 무엇을 주시려고 합니까?

d. 이것은 여러분이 아브라함의 언약에 대하여 살펴 본 바와 어떤 연관이 있는지 설명하십시오.

7. 지금까지 본 모든 것이 하나님에 대하여 무엇을 말해주고 있습니까? 그분이 바로 여러분의 하나님이십니까?

## 제 4 일

오늘은 옛 언약인 율법을 살펴보겠습니다.

1. 옛 언약이 단지 아브라함과 맺은 언약의 연장이 아님을 어떻게 알 수 있습니까? 이것은 여러분이 연구하면서 염두에 두어야 할 중요한 질문이므로 그 답을 주의 깊게 찾아보십시오.

2. 복습을 하기 위하여 제 1 일로 되돌아가서 세 가지 언약에 관한 사건과 설명들을 다시 한 번 읽으십시오.

3. 출애굽기 19:1-9을 읽고 다음 질문에 답하십시오.

   출애굽기 19:1-9

   ¹이스라엘 자손이 애굽 땅에서 나올 때부터 제 삼 월 곧 그 때에 그들이 시내 광야에 이르니라 ²그들이 르비딤을 떠나 시내 광야에 이르러 그 광야에 장막을 치되 산 앞에 장막을 치니라 ³모세가 하나님 앞에 올라가니 여호와께서 산에서 그를 불러 가라사대 너는 이같이 야곱 족속에게 이르고 이스라엘 자손에게 고하라 ⁴나의 애굽 사람에게 어떻게 행하였음과 내가 어떻게 독수리 날개로 너희를 업어 내게로 인도하였음을 너희가 보았느니라 ⁵세계가 다 내게 속하였나니 너희가 내 말을 잘 듣고 내 언약을 지키면 너희는 열국 중에서 내 소유가 되겠고 ⁶너희가 내게 대하여 제사장 나라가 되며 거룩한 백성이 되리라 너는 이 말을 이스라엘 자손에게 고할지니라 ⁷모세가 와서 백성의 장로들을 불러 여호와께서 자기에게 명하신 그 모든 말씀을 그 앞에 진술하니 ⁸백성이 일제히 응답하여 가로되 여호와의 명하신 대로 우리가 다 행하리이다 모세가 백성의 말로 여호와께 회보하매 ⁹여호와께서 모세에게 이르시되 내가 빽빽한 구름 가운데서 네게 임함은 내가 너와 말하는 것을 백성으로 듣게 하며 또한 너를 영영히 믿게 하려 함이니라 모세가 백성의 말로 여호와께 고하였으므로

   a. 3-6절에서 하나님이 그들에게 말씀하신 것은 무엇입니까? 여러분 자신의 말로 요약하십시오.

   b. 하나님께서는 누구를 통하여 자기 백성들에게 말씀하십니까?

c. 백성들은 어디에 장막을 쳤습니까?

   d. 하나님의 말씀에 대하여 백성들은 어떤 반응을 보였습니까?

4. 출애굽기 20-23장까지는 백성을 위하여 모세에게 주신 하나님의 말씀입니다(출애굽기 20장에는 십계명이 기록되어 있습니다). 출애굽기 23:27-33에 따르면 가나안에 사는 사람들과 이스라엘 자손들의 관계는 어떻게 될 것입니까?

5. 이제 출애굽기 24:1-18을 읽고 다음에 답하십시오.

   출애굽기 24:1-18

   ¹또 모세에게 이르시되 너는 아론과 나답과 아비후와 이스라엘 장로 칠십 인과 함께 여호와에게로 올라와 멀리서 경배하고 ²너 모세만 여호와에게 가까이 나아오고 그들은 가까이 나아오지 말며 백성은 너와 함께 올라오지 말지니라 ³모세가 와서 여호와의 모든 말씀과 그 모든 율례를 백성에게 고하매 그들이 한소리로 응답하여 가로되 여호와의 명하신 모든 말씀을 우리가 준행하리이다 ⁴모세가 여호와의 모든 말씀을 기록하고 이른 아침에 일어나 산 아래 단을 쌓고 이스라엘 십이 지파대로 열두 기둥을 세우고 ⁵이스라엘 자손의 청년들을 보내어 번제와 소로 화목제를 여호와께 드리게 하고 ⁶모세가 피를 취하여 반은 여러 양푼에 담고 반은 단에 뿌리고 ⁷언약서를 가져 백성에게 낭독하여 들리매 그들이 가로되 여호와의 모든 말씀을 우리가 준행하리이다 ⁸모세가 그 피를 취하여 백성에게 뿌려 가로되 이는 여호와께서 이 모든

말씀에 대하여 너희와 세우신 언약의 피니라 ⁹모세와 아론과 나답과 아비후와 이스라엘 장로 칠십 인이 올라가서 ¹⁰이스라엘 하나님을 보니 그 발 아래에는 청옥을 편 듯하고 하늘같이 청명하더라 ¹¹하나님이 이스라엘의 존귀한 자들에게 손을 대지 아니하셨고 그들은 하나님을 보고 먹고 마셨더라 ¹²여호와께서 모세에게 이르시되 너는 산에 올라 내게로 와서 거기 있으라 너로 그들을 가르치려고 내가 율법과 계명을 친히 기록한 돌판을 네게 주리라 ¹³모세가 그 종자 여호수아와 함께 일어나 하나님의 산으로 올라가며 ¹⁴장로들에게 이르되 너희는 여기서 우리가 너희에게로 돌아오기까지 기다리라 아론과 훌이 너희와 함께 하리니 무릇 일이 있는 자는 그들에게로 나아갈지니라 하고 ¹⁵모세가 산에 오르매 구름이 산을 가리며 ¹⁶여호와의 영광이 시내 산 위에 머무르고 구름이 육 일 동안 산을 가리더니 제 칠 일에 여호와께서 구름 가운데 모세를 부르시니라 ¹⁷산 위의 여호와의 영광이 이스라엘 자손의 눈에 맹렬한 불같이 보였고 ¹⁸모세는 구름 속으로 들어가서 산 위에 올랐으며 사십 일 사십 야를 산에 있으니라

a. 모세가 백성들에게 하나님의 말씀을 자세히 말했을 때 그들의 반응은 어떠했습니까?

b. 이제 지난 7주간 동안 배운 것을 복습해 봅시다. 이 구절에서 관습(단계 혹은 표징) 중 어떤 것이 행해짐을 보았습니까?

c. 쓰여진 계명은 무엇입니까?

d. 이 모든 것은 어디에서 일어났습니까?

e. 이 시간에 하나님이 취하신 모습은 어떠했습니까?

6. 마지막으로 한 구절만 더 보겠습니다. 여러분이 부지런히 연구하는 것을 볼 때 얼마나 하나님께 감사한지요. 오늘날 성경을 부지런히 연구하는 태도는 참 보기 드문 일입니다.

모세가 "산(시내산)에서 내려옴이 더딤을 보고" 이스라엘 자손들은 금송아지를 만들어 놓고 숭배하기 시작했습니다(출 32장). 모세는 대노하여 계명이 새겨진 돌판을 깨뜨렸습니다. 그러므로 출애굽기 34장에서 모세가 다시 산으로 되돌아 가고, 하나님께서는 돌판에 율법을 다시 새겼습니다.

출애굽기 34:1-15, 27-35을 읽고 모세의 얼굴에 일어난 일을 쓰십시오. 이것이 다음 주 연구의 배경입니다.

출애굽기 34 :1-15, 27-35

¹여호와께서 모세에게 이르시되 너는 돌판 둘을 처음 것과 같이 깎아 만들라 네가 깨뜨린 바 처음 판에 있던 말을 내가 그 판에 쓰리니 ²아침 전에 예비하고 아침에 시내 산에 올라와 산꼭대기에서 내게 보이되 ³아무도 너와 함께 오르지 말며 온 산에 인적을 금하고 양과 소도 산 앞에서 먹지 못하게 하라 ⁴모세가 돌판 둘을 처음 것과 같이 깎아 만들고 아침에 일찌기 일어나 그 두 돌판을 손에 들고 여호와의 명대로 시내 산에 올라가니 ⁵여호와께서 구름 가운데 강림하사 그와 함께 거기 서서 여호와의 이름을 반포하실새 ⁶여호와께서 그의 앞으로 지나시며 반포하시되 여호와로라 여호와로라 자비롭고 은혜롭고 노하기를 더디하고 인자와 진실이 많은 하나님이로라 ⁷인자를 천 대까지 베풀며 악과 과실과 죄를 용서하나 형벌받을 자는 결단코 면죄하지 않고 아비의 악을

자여손 삼 사 대까지 보응하리라 ⁸모세가 급히 땅에 엎드리어 경배하며 ⁹가로되 주여 내가 주께 은총을 입었거든 원컨대 주는 우리 중에서 행하옵소서 이는 목이 곧은 백성이니이다 우리의 악과 죄를 사하시고 우리로 주의 기업을 삼으소서 ¹⁰여호와께서 가라사대 보라 내가 언약을 세우나니 곧 내가 아직 온 땅 아무 국민에게도 행치 아니한 이적을 너희 전체 백성 앞에 행할 것이라 너희 머무는 나라 백성이 다 여호와의 소위를 보리니 내가 너를 위하여 행할 일이 두려운 것임이니라 ¹¹너는 내가 오늘 네게 명하는 것을 삼가 지키라 보라 내가 네 앞에서 아모리 사람과 가나안 사람과 헷 사람과 브리스 사람과 히위 사람과 여부스 사람을 쫓아내리니 ¹²너는 스스로 삼가 네가 들어가는 땅의 거민과 언약을 세우지 말라 그들이 너희 중에 올무가 될까 하노라 ¹³너희는 도리어 그들의 단들을 헐고 그들의 주상을 깨뜨리고 그들의 아세라 상을 찍을지어다 ¹⁴너는 다른 신에게 절하지 말라 여호와는 질투라 이름하는 질투의 하나님임이니라 ¹⁵너는 삼가 그 땅의 거민과 언약을 세우지 말지니 이는 그들이 모든 신을 음란히 섬기며 그 신들에게 희생을 드리고 너를 청하면 네가 그 희생을 먹을까 함이며
²⁷여호와께서 모세에게 이르시되 너는 이 말들을 기록하라 내가 이 말들의 뜻대로 너와 이스라엘과 언약을 세웠음이니라 하시니라 ²⁸모세가 여호와와 함께 사십 일 사십 야를 거기 있으면서 떡도 먹지 아니하였고 물도 마시지 아니하였으며 여호와께서는 언약의 말씀 곧 십계를 그 판들에 기록하셨더라 ²⁹모세가 그 증거의 두 판을 자기 손에 들고 시내 산에서 내려오니 그 산에서 내려올 때에 모세는 자기가 여호와와 말씀하였음을 인하여 얼굴 꺼풀에 광채가 나나 깨닫지 못하였더라 ³⁰아론과 온 이스라엘 자손이 모세를 볼 때에 모세의 얼굴 꺼풀에 광채 남을 보고 그에게 가까이 하기를 두려워하더니 ³¹모세가 그들을 부르니 아론과 회중의 모든 어른이 모세에게로 오고 모세가 그들과 말하니 ³²그 후에야 온 이스라엘 자손이 가까이 오는지라 모세가 여호와께서 시내 산에서 자기에게 이르신 말씀을 다 그들에게 명하고 ³³그들에게 말하기를 마치고 수건으로 자기 얼굴을 가리웠더라 ³⁴그러나 모세가 여호와 앞에 들어가서 함께 말씀할 때에는 나오기까지 수건을 벗고 있다

가 나와서는 그 명하신 일을 이스라엘 자손에게 고하며 35이스라엘 자손이 모세의 얼굴의 광채를 보는 고로 모세가 여호와께 말씀하러 들어가기까지 다시 수건으로 자기 얼굴을 가리웠더라

# 제 5 일

 금주 첫째날에 여러분은 지상의 장막은 옛 언약의 한 구성 요소이었음을 읽었습니다. 오늘은 장막에 대하여 간단히 살펴보겠습니다.

1. 출애굽기 25:1-9

> 1여호와께서 모세에게 일러 가라사대 2이스라엘 자손에게 명하여 내게 예물을 가져오라 하고 무릇 즐거운 마음으로 내는 자에게서 내게 드리는 것을 너희는 받을지니라 3너희가 그들에게서 받을 예물은 이러하니 금과 은과 놋과 4청색 자색 홍색실과 가는 베실과 염소털과 5붉은 물들인 숫양의 가죽과 해달의 가죽과 조각목과 6등유와 관유에 드는 향품과 분향할 향을 만들 향품과 7호마노며 에봇과 흉패에 물릴 보석이니라 8내가 그들 중에 거할 성소를 그들을 시켜 나를 위하여 짓되 9무릇 내가 네게 보이는 대로 장막의 식양과 그 기구의 식양을 따라 지을지니라

a. 그들은 무엇을 지어야 했습니까?

b. 장막을 짓는 재료는 어디에서 얻습니까?

c. 그들은 무엇을 지어야 할 것인지에 대해 어떻게 알았습니까?

2. 다음에 그들이 지어야 했던 장막의 작은 그림이 있습니다. 장막은 그 자체가 본래 하나의 연구 대상입니다. 장막 안의 기구 하나 하나는 우리가 경배하는 우리 주님에 대하여 드러내는 것이며, 우리의 삶은 바로 그 경배의 결과이기 때문입니다.

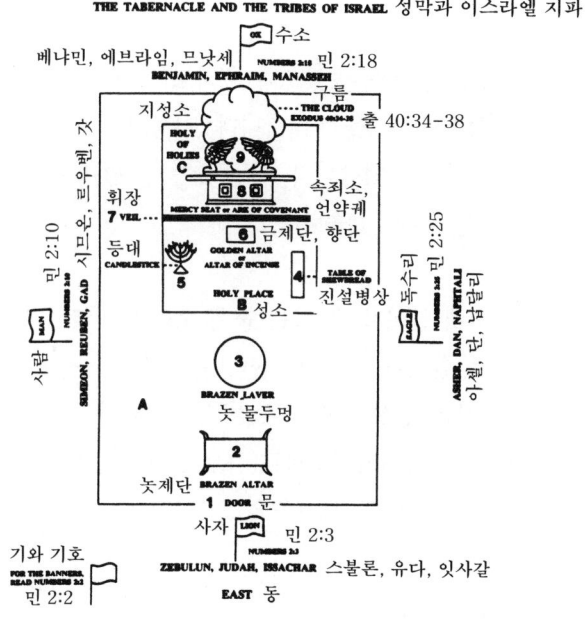

3. 각 기구들을 번호와 글자에 따라 간단히 설명하고 나서 과제를 드리겠습니다.

   A. 이것은 바깥 뜰인데, 길이가 150피트(약 45m), 넓이는 75피트(약 22.5m)입니다.[2] 이스라엘 자손들은 ①번의 문을 통하여 이 바깥 뜰에 들어갈 수 있었습니다.

   B. 이것은 성소라고 불립니다. 길이가 45피트(약 13.7m), 넓이가 15피트(약 4.6m)로서 이 치수는 휘장을 넘어선 부분인 지성소까지를 포함한 것입니다. 오직 제사장만 성소에 들어갈 수 있었는데 그들은 매일 그렇게 했을 것입니다. 이곳은 또한 회막이라고도 불렀습니다(출 40:24).

   C. 지성소는 성소 속에 있으며 15피트(약 4.5m)×15피트×15피트로 성소의 1/3을 차지합니다. 지성소는 휘장에 의하여 성소와 나누어져 있었습니다. 이 곳에는 일 년에 단 하루 속죄일에 대제사장이 들어갔습니다.

   1) 성막에 들어갈 수 있는 문은 오직 하나였는데 그것은 바깥 뜰로 들어가는 문이었습니다. 예수는 문입니다(요 10:9). 이 문은 항상 동쪽으로 나 있었습니다. 넓이가 30피트(약 9.1m), 높이가 7.5피트(약 2.3m) 였으며 이스라엘 자손들은 자유롭게 드나들 수 있었습니다.

---

2) 장막의 모든 치수는 규빗으로 나타나 있습니다. 한 규빗의 정확한 치수를 알 수 없기 때문에 모든 치수는 근사치입니다.

2) 바깥 뜰의 첫번째 기구는 놋 제단으로 각 코너에 한 개씩 네 개의 뿔이 있었습니다. 땅 바닥에서 4피트(약 1.2m) 떨어져 있으며 백성들이 하나님께 제물을 가지고 왔을 때 죄로 인한 화목제물이든 헌제이든 상관없이, 제물을 이 제단의 네 뿔에 매어 고정시켰습니다. 숯불은 이 7.5피트 짜리 네모 상자 속에 있었고 제물이 불에 탈 때 놋문이 제물을 받치고 있던 숯불을 덮습니다. 놋제단은 하나님의 어린양 예수께서 우리의 죄를 대신하여 못박히시고 불세례로 세례 받으신 그림입니다. 여러분의 죄를 어떻게 하셨습니까?

3) 물두멍은 제사장들이 매일 씻는 곳입니다. 씻지 않고는 성소에 들어갈 수 없었습니다. 물두멍 역시 심판의 상징인 놋으로 만들어졌습니다. 하나님의 말씀이신 예수께서는 그가 일러준 말로 우리가 이미 깨끗케 되었다고 말씀하였습니다 (요 15:3 ; 엡 5:26). 여러분은 씻어야 하는 사람입니까?

4) 진설병 상은 아카시아 나무로 만들어져 있으며 금으로 도금 되었습니다. 성소로 들어갈 때 오른편에 있었습니다. 이 상에는 하나님의 언약 백성 이스라엘을 나타내는 열두 덩이 빵이 놓여 있었습니다. 안식일마다 제사장들이 이것을 먹었으며 새 빵이 상에 놓여졌습니다. 상의 길이는 3피트 (0.91m), 넓이가 0.5피트 (0.15m) 이었으며 땅 바닥에서 2.5피트(0.75m) 떨어져 있었습니다. 예수는 생명의 떡입니다(요 6:48). 여러분은 배가 고픕니까?

5) 진설병 상 맞은 편에는 일곱개의 가지가 달린 순금 촛대가 있었습니다. 성막에 있는 유일한 빛으로서 밤낮없이 올리브 기름을 태워 빛을 비추었습니다. 예수는 사람들의 빛입니다 (요 1:3). 여러분은 어두움 가운데서 살고 있지는 않습니까?

6) 향단은 아카시아 나무와 금으로 만들어졌으며 성소(출 20:6; 40:26), 혹은 지성소(히 9:3-4)에 있었습니다.[3] 높이가 3피트로 진설병 상보다, 언약궤 자체보다도 더 높이에 세워져 있었습니다. 그리하여 그 향기는 속죄소와 다른 기구들에 퍼졌습니다. 향은 거기서 영구히 타게끔 되어 있으며, 우리의 대제사장 예수께서 항상 살아계셔서 우리를 위하여 간구하심(히 7:25)을 보여 주고 있습니다. 여러분은 이런 중보자가 필요합니까?

7) 휘장은 청색, 자주와 진홍색의 곱게 짜진 아마포로 만들어졌으며, 성소와 지성소를 분리해 놓았습니다. 이 휘장을 통과하지 않고는 어느 제사장도 지성소에 들어 갈 수 없었습니다.- 그것은 언약궤에 이르는 유일한 길이었습니다. 이것은 찢어진 휘장처럼 찢겨진 예수의 육체를 나타내는 그림이며 하나님의 존전에 이르게 하는 산 길을 내주었습니다(히 10:20). 이것이 언약의 어린양입니다. 여러분은 이 살 조각 사이를 지나갔습니까?

---

3) 일반적으로 성소라는 견해를 취합니다.

8) 언약궤는 금으로 씌워진 아카시아 나무로 만들어졌으며 지성소에 놓여져 있었습니다. 넓이가 2피트, 길이 3피트 9인치, 높이 2피트인 이 상자 위에는 속죄소라 불리는 덮개가 있었습니다. 속죄소 위에는 날개를 펼치고 날고 있는 두 그룹이 있었습니다. 언약궤에는 돌판과 만나 항아리와 싹난 지팡이가 담겨져 있었습니다. 거기서 우리는 하나님께서 성육신 하신 분, 아브라함이 태어나기 전에 이미 스스로 있는 분, 아버지와 하나로(요 8:58; 요 10:30-33) 계셨던 분이신 예수를 만납니다. 여러분은 예수께서 스스로 계시는 분이며 성육하신 하나님이심을 믿습니까? 그렇지 않다면 여러분은 죄 가운데서 정녕 죽을 것입니다(요 8:24).

9) 순금으로 만들어진 속죄소가 언약궤를 덮고 있습니다. 일년에 한 번 속죄일에 염소의 피가 백성들의 죄를 덮기 위하여 속죄소 위에 놓여졌습니다. 그것은 하나님께서 구름 기둥 속에 계시는 속죄소 위 바로 거기에 있는 것입니다. 속죄소는 예수께서 우리 죄를 위해 드리는 한 영원한 제사가 언제든지 우리를 거룩하게 해 주실 수 있는 곳, 즉 하나님의 보좌를 나타내는 그림이었습니다(히 10:10-13). 여러분은 자비를 얻었습니까? 여러분의 모든 죄를 용서받았습니까?

4. 다음은 금주의 마지막 과제입니다.
   a. 출애굽기 25:10-22을 읽고 하나님께서 속죄소에 관하여 말씀하시는 바를 기록하십시오.

출애굽기 25:10-22

¹⁰그들은 조각목으로 궤를 짓되 장이 이 규빗 반, 광이 일 규빗 반, 고가 일 규빗 반이 되게 하고 ¹¹너는 정금으로 그것을 싸되 그 안팎을 싸고 윗가로 돌아가며 금테를 두르고 ¹²금고리 넷을 부어 만들어 그 네 발에 달되 이편에 두 고리요 저편에 두 고리며 ¹³조각목으로 채를 만들고 금으로 싸고 ¹⁴그 채를 궤 양편 고리에 꿰어서 궤를 메게 하며 ¹⁵채를 궤의 고리에 꿴대로 두고 빼어내지 말며 ¹⁶내가 네게 줄 증거판을 궤 속에 둘지며 ¹⁷정금으로 속죄소를 만들되 장이 이 규빗 반, 광이 일 규빗 반이 되게 하고 ¹⁸금으로 그룹 둘을 속죄소 두 끝에 쳐서 만들되 ¹⁹한 그룹은 이 끝에, 한 그룹은 저 끝에 곧 속죄소 두 끝에 속죄소와 한 덩이로 연하게 할지며 ²⁰그룹들은 그 날개를 높이 펴서 그 날개로 속죄소를 덮으며 그 얼굴을 서로 대하여 속죄소를 향하게 하고 ²¹속죄소를 궤 위에 얹고 내가 네게 줄 증거판을 궤 속에 넣으라 ²²거기서 내가 너와 만나고 속죄소 위 곧 증거궤 위에 있는 두 그룹 사이에서 내가 이스라엘 자손을 위하여 네게 명할 모든 일을 네게 이르리라

b. 여러분이 보지 않고 그림을 그릴 수 있을 때까지 성막에 관하여 배운 바를 묵상하십시오.

c. 본 과의 성막 그림에 있는 각 기구 옆에 그것이 예수께 대하여 무엇을 나타내주는지를 기록하십시오.

여러분이 배우고 있는 이 모든 것을 깨닫고 있습니까? 더 좋은 언약의 중보자가 되시는 예수께서 우리를 위하여 이루어 놓으신 이 큰 구원에 의지하여 살게 되기를 기도합니다.

*Note*

*Note*

# 제 9 과

"성경에 나타나는 단어들 중 유행에 뒤져서 별로 주목을 받지 못하는 단어 중 하나가 언약이라는 말이다. 이 말이 신학의 영역과 강건하고 거룩하게 사는 그리스도인의 삶에 있어서 기초가 되었던 때가 있었다. 우리는 언약이라는 이 말이 스코틀랜드 국민의 생활과 사상에 얼마나 깊이 뿌리박혀 있는지를 알고 있다. 언약으로 인하여 능력있는 자들이 되었으며 그들에게 있어서 하나님의 존재와 그의 약속과 능력은 놀라울 정도로 실재적인 것이었다. 언약은 자신의 전 삶이 하나님과 맺은 계약 관계 속에 영위되고 있다는 놀라운 확신을 가지고 살아가는 자들에게 힘과 목표를 제시해 줄 것이다. 이는 언약을 맺은 하나님께서 자신이 하신 모든 약속을 그들의 생애 가운데 신실하게 이루시겠다고 맹세했기 때문이다."[1]

---

1) Andrew Murray, *The Two Covenants* (Old Tappan, New Jersey : Fleming H. Revell Co.), pp. vii-viii.

## 제 1 일

　금주에는 새 언약을 주목하여 보려고 합니다. 왜 그것이 더 나은 언약으로 간주되었을까요? 그것이 가져온 결과는 무엇입니까? 그것과 옛 언약의 관계는 어떻습니까?

　예레미야는 새 언약의 약속을 전해줍니다. 예레미야는 예루살렘이 점령당하기 전과 점령당한 기간 동안 예언을 하였습니다. 이 때는 역사상 이스라엘 나라가 이미 두 왕국으로 나누어진 때였습니다 : 북왕국 이스라엘에는 열 지파가, 남왕국 유다에는 나머지 두 지파인 유다와 베냐민 지파가 속했습니다. 이스라엘은 B.C. 722에 앗수르의 포로가 되었습니다. 이스라엘과 유다가 하나님의 언약에 순종하는 삶을 살지 못했기 때문에 B.C. 586에는 예루살렘이 완전히 바벨론에 멸망되었습니다. 신명기 28장부터 30장에 기록된 저주 즉, 하나님의 율법 언약을 어기는 경우에 따르는 저주가 이스라엘에게 내려졌으며 예레미야 시대에 유다에게도 내려지게 되었습니다.

　예레미야에 나타난 새 언약을 살펴보기 전에 먼저 옛 언약을 어김으로 초래되는 저주를 살펴봅시다. 하나님께서는 모세를 통하여 그것을 글로 써주셨습니다. 그러나 그들은 청종하지 않았습니다. 하나님은 자신의 말씀을 지키시는 분임을 기억하십시오. 하나님은 축복과 저주의 약속을 신실하게 지키시는 분입니다.

1. 신명기 28:58, 63-66을 읽고 백성들과 땅의 관계에 대해 통찰한 바를 써보십시오.

신명기 28:58, 63-66

⁵⁸네가 만일 이 책에 기록한 이 율법의 모든 말씀을 지켜 행하지 아니하고 네 하나님 여호와라 하는 영화롭고 두려운 이름을 경외하지 아니하면 … ⁶³이왕에 여호와께서 너희에게 선을 행하시고 너희로 번성케 하시기를 기뻐하시던 것같이 이제는 여호와께서 너희를 망하게 하시며 멸하시기를 기뻐하시리니 너희가 들어가 얻는 땅에서 뽑힐 것이요 ⁶⁴여호와께서 너를 땅 이 끝에서 저 끝까지 만민 중에 흩으시리니 네가 그 곳에서 너와 네 열조의 알지 못하던 목석 우상을 섬길 것이라 ⁶⁵그 열국 중에서 네가 평안함을 얻지 못하며 네 발바닥을 쉴 곳도 얻지 못하고 오직 여호와께서 거기서 너의 마음으로 떨고 눈으로 쇠하고 정신으로 산란케 하시리니 ⁶⁶네 생명이 의심나는 곳에 달린 것 같아서 주야로 두려워하며 네 생명을 확신할 수 없을 것이라

2. 신명기 29장과 30장을 읽으십시오. "언약"이라는 말을 살펴보면서 이 두 장의 전체적 주제를 익혀두십시오.

# 제 2 일

언약을 어긴 결과로 고통 중에 있는 백성들에게 하나님께서는 새 언약을 주십니다.

1. 새 언약에 관한 예레미야의 예언을 읽을 때, 그 시대에 속한 자의 입장에서 본문을 관찰해 보십시오. 청종하는 사람들에게 이 약속이 어떤 의미를 부여하는지 상상할 수 있습니까? 예레미야 31:31-40을 읽으십시오.

   예레미야 31:31-40

   ³¹나 여호와가 말하노라 보라 날이 이르리니 내가 이스라엘 집과 유다 집에 새 언약을 세우리라 ³²나 여호와가 말하노라 이 언약은 내가 그들의 열조의 손을 잡고 애굽 땅에서 인도하여 내던 날에 세운 것과 같지 아니할 것은 내가 그들의 남편이 되었어도 그들이 내 언약을 파하였음이니라 ³³나 여호와가 말하노라 그러나 그 날 후에 내가 이스라엘 집에 세울 언약은 이러하니 곧 내가 나의 법을 그들의 속에 두며 그 마음에 기록하여 나는 그들의 하나님이 되고 그들은 내 백성이 될 것이라 ³⁴그들이 다시는 각기 이웃과 형제를 가리켜 이르기를 너는 여호와를 알라 하지 아니하리니 이는 작은 자로부터 큰 자까지 다 나를 앎이니라 내가 그들의 죄악을 사하고 다시는 그 죄를 기억지 아니하리라 여호와의 말이니라 ³⁵나 여호와는 해를 낮의 빛으로 주었고 달과 별들을 밤의 빛으로 규정하였고 바다를 격동시켜 그 파도로 소리치게 하나니 내 이름은 만군의 여호와니라 내가 말하노라 ³⁶이 규정이 내 앞에서 폐할진대 이스라엘 자손도 내 앞에서 폐함을 입어 영영히 나라가 되지 못하리라 ³⁷나 여호와가 이같이 말하노라 위로 하늘을 측량할 수 있으며 아래로 땅의 기초를 탐지할 수 있다면 내가 이스라엘 자손의 행한 모든 일을 인하여 그들을 다 버리리라 여호와의

말이니라 ³⁸나 여호와가 말하노라 보라, 날이 이르리니 이 성을 하나넬 망대에서부터 모퉁이 문까지 여호와를 위하여 건축할 것이라 ³⁹측량줄이 곧게 가렙 산에 이르고 고아 방면으로 돌아 ⁴⁰시체와 재의 골짜기와 기드론 시내에 이르는 데까지와 동편 말 문 모퉁이에 이르기까지의 모든 밭에 이르니 다 여호와의 성지가 되고 영영히 다시는 뽑히거나 전복되지 아니하리라

2. 새 언약의 조항은 예레미야 31:33-34에 진술되어 있습니다. 이 구절에 따르면, 하나님이 이스라엘을 흩어버리시긴 하지만 나라가 완전히 멸망하는 것입니까? 그 이유도 설명하십시오.

3. 새 언약 아래에서 일어날 일을 하나 하나 기록하십시오. 누가 무엇을 할 것인지를 기록하십시오.

4. 이 언약은 유다 족속과 세울 것입니까? 이스라엘 족속과 세울 것입니까? 대답은 예레미야 31:31-34에 있습니다.

나머지 3일 동안의 과제를 꼭 끝마치도록 하십시오. 다른 어떤 것으로 인해서도 과제를 마치는 데 방해받지 않도록 하십시오. 그러면 여러분은 큰 해방감을 맛볼 것입니다.

# 제 3 일

새 언약에는 살펴보아야 할 것이 더 많이 있습니다.

1. 예레미야 32:37-44을 읽고 다음에 답하십시오.

   예레미야 32:37-44

   ³⁷보라 내가 노와 분과 큰 분노로 그들을 쫓아 보내었던 모든 지방에서 그들을 모아내어 이 곳으로 다시 인도하여 안전히 거하게 할 것이라 ³⁸그들은 내 백성이 되겠고 나는 그들의 하나님이 될 것이며 ³⁹내가 그들에게 한 마음과 한 도를 주어 자기들과 자기 후손의 복을 위하여 항상 나를 경외하게 하고 ⁴⁰내가 그들에게 복을 주기 위하여 그들을 떠나지 아니하리라 하는 영영한 언약을 그들에게 세우고 나를 경외함을 그들의 마음에 두어 나를 떠나지 않게 하고 ⁴¹내가 기쁨으로 그들에게 복을 주되 정녕히 나의 마음과 정신을 다하여 그들을 이 땅에 심으리라 ⁴²나 여호와가 이같이 말하노라 내가 이 백성에게 이 큰 재앙을 내린 것같이 허락한 모든 복을 그들에게 내리리라 ⁴³너희가 말하기를 황폐하여 사람이나 짐승이 없으며 갈대아인의 손에 붙인 바 되었다 하는 이 땅에서 사람들이 밭을 사되 ⁴⁴베냐민 땅과 예루살렘 사방과 유다 성읍들과 산지의 성읍들과 평지의 성읍들과 남방의 성읍들에 있는 밭을 은으로 사고 증서를 기록하여 인봉하고 증인을 세우리니 이는 내가 그들의 포로로 돌아오게 함이니라 여호와의 말이니라

   a. 땅과 땅에 대한 그들의 관계에 관하여 하나님께서 약속하신 바는 무엇입니까?

   b. 하나님은 그들에게 있어서 어떤 존재가 되실까요?

c. 예레미야 32:39-40에 따르면, 하나님께서 그들에게 무엇을 해 주실 것입니까? 하나님의 약속들을 목록으로 작성해 보십시오.

예레미야 32:39-40

³⁹내가 그들에게 한 마음과 한 도를 주어 자기들과 자기 후손의 복을 위하여 항상 나를 경외하게 하고 ⁴⁰내가 그들에게 복을 주기 위하여 그들을 떠나지 아니하리라 하는 영영한 언약을 그들에게 세우고 나를 경외함을 그들의 마음에 두어 나를 떠나지 않게 하고

d. 이 언약은 얼마나 오래 지속될 것입니까?

2. 이러한 의문이 생길 것입니다. "그들의 마음이 예레미야 17:9에서 말하는 바와 같다면 하나님께서 어떻게 이 모든 일을 하실 수 있을까?" 예레미야 17:9을 읽고 사람의 마음에 관하여 말하고 있는 바를 기록하십시오.

예레미야 17:9

⁹만물보다 거짓되고 심히 부패한 것은 마음이라 누가 능히 이를 알리요마는

3. 이제 에스겔을 보겠습니다. 한동안 에스겔과 예레미야는 동시대의 사람이었습니다. 에스겔은 예루살렘의 첫 포위 기간 중 바벨론에 포로로 잡혀갔습니다. 에스겔 11:13-21을 읽으십시오.

   a. 에스겔이 하나님께 질문한 것은 무엇입니까?

   에스겔 11:13-21

   13이에 내가 예언할 때에 브나야의 아들 블라댜가 죽기로 내가 엎드리어 큰 소리로 부르짖어 가로되 오호라 주 여호와여 이스라엘의 남은 자를 다 멸절하고자 하시나이까 하니라 14여호와의 말씀이 내게 임하여 가라사대 15인자야 예루살렘 거민이 너의 형제 곧 너의 형제와 친속과 이스라엘 온 족속을 향하여 이르기를 너희는 여호와에게서 멀리 떠나라 이 땅은 우리에게 주어 기업이 되게 하신 것이라 하였나니 16그런즉 너는 말하기를 주 여호와의 말씀에 내가 비록 그들을 멀리 이방인 가운데로 쫓고 열방에 흩었으나 그들이 이른 열방에서 내가 잠깐 그들에게 성소가 되리라 하셨다 하고 17너는 또 말하기를 주 여호와의 말씀에 내가 너희를 만민 가운데 모으며 너희를 흩은 열방 가운데서 모아 내고 이스라엘 땅으로 너희에게 주리라 하셨다 하라 18그들이 그리로 가서 그 가운데 모든 미운 물건과 가증한 것을 제하여 버릴지라 19내가 그들에게 일치한 마음을 주고 그 속에 새 신을 주며 그 몸에서 굳은 마음을 제하고 부드러운 마음을 주어서 20내 율례를 좇으며 내 규례를 지켜 행하게 하리니 그들은 내 백성이 되고 나는 그들의 하나님이 되리라 21그러나 미운 것과 가증한 것을 마음으로 좇는 자는 내가 그 행위대로 그 머리에 갚으리라 나 주 여호와의 말이니라

b. 여러분의 말로 하나님의 대답을 요약하십시오.




c. 하나님께서 그들의 마음을 어떻게 하시려고 합니까?




d. 하나님께서 그렇게 해 주실 때, 그들은 어떻게 반응하겠습니까?




4. 이제 에스겔 36:24-28을 읽으십시오. 이것은 하나님께서 이스라엘과 유다에게 약속하신 새 언약입니다.

> 에스겔 36:24-28
>
> 24내가 너희를 열국 중에서 취하여 내고 열국 중에서 모아 데리고 고토에 들어가서 25맑은 물로 너희에게 뿌려서 너희로 정결케 하되 곧 너희 모든 더러운 것에서와 모든 우상을 섬김에서 너희를 정결케 할 것이며 26또 새 영을 너희 속에 두고 새 마음을 너희에게 주되 너희 육신에서 굳은 마음을 제하고 부드러운 마음을 줄 것이며 27또 내 신을 너희 속에 두어 너희로 내 율례를 행하게 하리니 너희가 내 규례를 지켜 행할지라 28내가 너희 열조에게 준 땅에 너희가 거하여 내 백성이 되고 나는 너희 하나님이 되리라

a. 땅에 대한 그들의 관계에 관하여 하나님께서 말씀하시는 바는 무엇입니까?

b. 그들을 위하여 하나님께서 친히 해 주실 일은 무엇입니까?

c. 이것은 에스겔 11장에서 살펴본 바와 어떻게 상호 연관이 됩니까?

이것이 오늘 과제의 전부입니다. 그러나 여러분의 마음 속에 한가지 의문이 생길 것입니다. 이 새 언약의 약속이 이스라엘과 유다를 위한 것이라면, 우리 이방인들은 어떻게 되는 것입니까? 이 은혜의 새 언약은 과연 우리를 위한 것입니까? 그래야 할 것입니다. 왜냐하면 다른 것이 없기 때문입니다. 내일 그것을 살펴보도록 하겠습니다.

## 제 4 일

1. 은혜의 새 언약은 예수 그리스도의 복음 혹은 좋은 소식입니다.

   a. 로마서 1:16을 읽으십시오. 복음은 누구에게 처음으로 나타났습니까?

로마서 1:16

¹⁶내가 복음을 부끄러워하지 아니하노니 이 복음은 모든 믿는 자에게 구원을 주시는 하나님의 능력이 됨이라 첫째는 유대인에게요 또한 헬라인에게로다


b. 예수께서 누구에게 오셨습니까? 요한복음 1:11과 마태복음 15:16을 읽으십시오.

요한복음 1:11

¹¹자기 땅에 오매 자기 백성이 영접지 아니하였으나

마태복음 15:16

¹⁶예수께서 가라사대 너희도 아직까지 깨달음이 없느냐


2. 때때로 우리는 오늘날 교회가 주로 이방인들로 구성되어 있음에도 불구하고, 우리가 하나님의 생명에 접붙인 바 된 자들임(롬 11:17-18)을 잊어버립니다. 첫번째 교회는 유대인으로 구성되었으며, 오순절 후(행 10장)인 8년 후에야 첫 이방인 회심자들이 생겼습니다. 그리스도의 비밀은 _____.
이 문장을 완성시키기 위하여 에베소서 3:4-6을 읽으십시오.

에베소서 3:4-6

⁴이것을 읽으면 그리스도의 비밀을 내가 깨달은 것을 너희가 알 수 있으리라 ⁵이제 그의 거룩한 사도들과 선지자들에게 성령으로 나타내신 것같이 다른 세대에서는 사람의 아들들에게 알게 하지 아니하셨으니 ⁶이는 이방인들이 복음으로 말미암아 그리스도 예수 안에서 함께 후사가 되고 함께 지체가 되고 함께 약속에 참예하는 자가 됨이라

3. 약속의 언약에 대한 이방인의 관계는 어떠하였습니까? 에베소서 2:11-12을 읽고 질문에 답하십시오.

   에베소서 2:11-12

   11그러므로 생각하라 너희는 그 때에 육체로 이방인이요 손으로 육체에 행한 할례당이라 칭하는 자들에게 무할례당이라 칭함을 받는 자들이라 12그 때에 너희는 그리스도 밖에 있었고 이스라엘 나라 밖의 사람이라 약속의 언약들에 대하여 외인이요 세상에서 소망이 없고 하나님도 없는 자이더니

4. 이제 에베소서 2:13-22을 읽으십시오.

   에베소서 2:13-22

   13이제는 전에 멀리 있던 너희가 그리스도 예수 안에서 그리스도의 피로 가까워졌느니라 14그는 우리의 화평이신지라 둘로 하나를 만드사 중간에 막힌 담을 허시고 15원수 된 것 곧 의문에 속한 계명의 율법을 자기 육체로 폐하셨으니 이는 이 둘로 자기의 안에서 한 새 사람을 지어 화평하게 하시고 16또 십자가로 이 둘을 한 몸으로 하나님과 화목하게 하려 하심이라 원수 된 것을 십자가로 소멸하시고 17또 오셔서 먼 데 있는 너희에게 평안을 전하고 가까운 데 있는 자들에게 평안을 전하셨으니 18이는 저로 말미암아 우리 둘이 한 성령 안에서 아버지께 나아감을 얻게 하려 하심이라 19그러므로 이제부터 너희가 외인도 아니요 손도 아니요 오직 성도들과 동일한 시민이요 하나님의 권속이라 20너희는 사도들과 선지자들의 터 위에 세우심을 입은 자라 그리스도 예수께서 친히 모퉁이 돌이 되셨느니라 21그의 안에서 건물마다 서로 연결하여 주 안에서 성전이 되어 가고 22너희도 성령 안에서 하나님의 거하실 처소가 되기 위하여 예수 안에서 함께 지어져 가느니라

a. 우리가 어떻게 하나님께 가까이 이르게 되었습니까?



b. 유대인과 이방인을 분리시킨 분단의 벽이 된 장애물은 율법이었습니다. 예수께서는 자신의 죽음을 통하여 그 율법의 장벽을 폐하셨습니다. (다음 주에 어떻게 폐하셨는지를 살펴보겠습니다)

c. 15절에서 예수님은 유대인과 이방인 모두를 새롭게 하셨습니다. 그의 피로 세운 새 언약을 통하여 그들은 하나님의 자녀가 되고 그의 몸인 교회의 부분이 되었습니다(엡 5:29-30).

   에베소서 5:29-30

   ²⁹누구든지 언제든지 제 육체를 미워하지 않고 오직 양육하여 보호하기를 그리스도께서 교회를 보양함과 같이 하나니 ³⁰우리는 그 몸의 지체임이니라

d. 그러므로 에베소서 3:19에 따르면, 그리스도께 오는 이방인들이 어떻게 됩니까?

   에베소서 3:19

   ¹⁹그 넓이와 길이와 높이와 깊이가 어떠함을 깨달아 하나님의 모든 충만하신 것으로 너희에게 충만하게 하시기를 구하노라



e. 에베소서 2:18에 따르면, 누구로 말미암아 우리가 아버지께 나아감을 얻습니까? 이것은 에스겔 36:27과 어떻게 비교됩니까?

에베소서 2:18

18이는 저로 말미암아 우리 둘이 한 성령 안에서 아버지께 나아감을 얻게 하심이라

에스겔 36:27

27또 내 신을 너희 속에 두어 너희로 내 율례를 행하게 하리니 너희가 내 규례를 지켜 행할지라

이방인이 어떻게 새 언약 가운데 들어오게 되었는지 알겠습니까? 시간이 갈수록 그것이 더 분명해질 것이므로 지금 잘 알지 못한다 해도 실망하지 마십시오. 여러분이 하나님의 백성으로서 말씀 연구에 자신을 드려 훈련할 수 있기를 간절히 바랍니다.

## 제 5 일

1. 히브리서 8장을 읽으면서, 새 언약에 대하여 배운 바를 기억하십시오. 그리고 다음 질문에 답하십시오.

   a. 모세는 장막을 지을 때 어떻게 지어야 했습니까?

   b. 히브리서 8:6의 "그"는 히브리서 8:4에 언급된 사람입니다. "그"는 히브리서 8:1에서도 언급됩니다. "그"는 누구입니까?

   히브리서 8:1, 4, 6

   1이제 하는 말의 중요한 것은 이러한 대제사장이 우리에게 있는 것이라 그가 하늘에서 위엄의 보좌 우편에 앉으셨으니

⁴예수께서 만일 땅에 계셨더면 제사장이 되지 아니하셨을 것이니 이는 율법을 좇아 예물을 드리는 제사장이 있음이라
⁶그러나 이제 그가 더 아름다운 직분을 얻으셨으니 이는 더 좋은 약속으로 세우신 더 좋은 언약의 중보시라


c. "그"는 더 좋은 언약의 중보자가 되셨습니다. 그러면 이 더 좋은 언약은 무엇입니까? (히 7:22을 읽으십시오.) 그것은 무엇보다 더 좋다는 말입니까?

히브리서 7:22

²²이와 같이 예수는 더 좋은 언약의 보증이 되셨느니라


d. 여러분이 성구사전에서 "새"(New)의 헬라어 단어를 찾아 그 뜻을 쓰십시오.


e. 히브리서 저자는 히브리서 8:8-12에서 무엇을 인용하고 있습니까?

히브리서 8:8-12

⁸저희를 허물하여 일렀으되 주께서 가라사대 볼지어다 날이 이르리니 내가 이스라엘 집과 유다 집으로 새 언약을 세우리라 ⁹또 주께서 가라사대 내가 저희 열조들의 손을 잡고 애굽 땅에서 인도하여 내던 날에 저희와 세운 언약과 같지 아니하도다 저희는 내 언약 안에 머물러 있지 아니하므로 내가 저희를 돌아보지 아니하였노라 ¹⁰또 주께서 가라사대 그 날 후에 내가 이스라엘 집으로 세울 언약이 이것이니 내 법을 저희 생각에 두고 저희 마음에 이

것을 기록하리라 나는 저희에게 하나님이 되고 저희는 내게 백성이 되리라 ¹¹또 각각 자기 나라 사람과 각각 자기 형제를 가르쳐 이르기를 주를 알라 하지 아니할 것은 저희가 작은 자로부터 큰 자까지 다 나를 앎이니라 ¹²내가 저희 불의를 긍휼히 여기고 저희 죄를 다시 기억하지 아니하리라 하셨느니라

f. 이 언약은 첫 언약과의 관계에서 어떤 역할을 합니까? (첫 언약은 율법입니다. 이것은 다음 주에 연구할 9장과 10장에 나타나 있습니다.)

2. 새 언약이 각 개인의 삶 속에서 성취하는 바를 복습하십시오. 저는 여러분이 이것을 꼭 기억하시기 바랍니다. 그것은 구원의 확실성 즉, "내가 구원받았는지 어떻게 알 수 있나?"라는 질문에 답변을 줍니다. 제 2일과 3일을 복습하십시오.

*Note*

*Note*

# 제 10 과

## 제 1 일 - 제 5 일

이 책의 부록에 히브리서 9:1-10:25의 관찰작업표가 있습니다 (248면). 다음의 지시에 따라서 과제를 하십시오.

1. 일주일 내내 이 장들을 읽고 또 반복해서 읽으십시오. 하나님의 지혜를 구하십시오. 하나님께 이해할 수 있게 해 달라고, 여러분에게 말씀해 주시고자 하는 바를 제시해 주시기를 기도하십시오.

2. 8과에서 장막에 관하여 배운 모든 것을 염두에 두고 읽으면서 성막 그림을 참조하십시오.(주: 6절과 8절에서 "첫" 장막은 성소를 가리키고, 7절에서 "둘째" 장막은 지성소를 가리키며 히브리서 9:3이후에는 "성소"라 불린다.)

3. "예수 그리스도"와 그 대명사가 언급될 때마다 같은 색으로 혹은 같은 모양으로 표시하십시오. 그리고 예수 그리스도에 관하여 배

운 모든 것을 별지에 쓰십시오. 과제를 다 끝마친 후에는, 이것을 관찰작업표 오른 편 여백에 옮겨 쓰십시오.

4. 같은 방법으로 "성령"과 "하나님 아버지"를 각각 특색있는 색깔이나 모양으로 표시하십시오. 저는 "하나님 아버지"를 △로 표시합니다.

5. "언약"이 사용될 때마다 표시해 두십시오. "언약"이 옛 언약 혹은 새 언약을 가리키면 (때때로 "첫 것" 혹은 "둘째 것"이라고만 불린다.) 각각을 구별되게 표시하여 한 눈에 보아도 그 차이점을 알 수 있도록 하십시오.

6. 다른 단어들도 얼른 알아볼 수 있는 방법으로 각각을 구별되게 표시하십시오.
    a. 피
    b. 율법
    c. 성소
    d. 제사
    e. 죄
    f. 거룩케하다, 거룩함을 얻다.
    g. 제물, 제사드릴 것
    h. 한 영원한
    i. 죽음, 죽다
    j. 온전케
    k. 제사장

    1. 하늘, 하늘에 있는

7. 다음에 관하여 배운 모든 것을 기록하십시오.

    a. 옛 언약(혹은 첫 언약)




    b. 새 언약(혹은 둘째 언약)




    c. 제사장




    d. 성소

e. 하늘

8. 금주에 여러분이 본 것 중에서 가장 중요하다고 생각되는 것 세 가지를 기록하고 그 이유를 쓰십시오.

다음 주가 마지막 주간이 될 것입니다. 하나님과 언약을 맺었다는 것이 과연 어떤 의미인가를 확실히 발견함으로 그리스도인으로서의 삶에 있어서 언약을 연구하는 이 기간이 매우 유익한 기간이 되길 바랍니다.

*Note*

*Note*

# 제 11 과

"옛 언약에 있어서는 인간이 하나님께서 주실 수 있으셨던 은혜의 모든 수단을 힘입어서 하나님께서 하실 수 있으셨던 것을 시험할 기회가 주어졌었다. 그 옛 언약은 인간 자신의 불성실과 실패를 입증하면서 인간에게서 끝났다. 새 언약에서는, 인간에게 모든 일을 하도록 맡겼을 때, 그가 불성실하고 연약할지라도 하나님은 그와 함께 하심을 입증한다. 옛 언약은 사람의 순종에 의존하는 계약으로서 인간이 파기할 수 있었고, 또한 실지로 파기했던 언약이었다(렘 31:32). 새 언약은 하나님께서 약속하신 것으로서 결코 파기되지 않을 언약이었다. 하나님 자신이 그 언약을 지킬 것이며 우리가 그 언약을 지키도록 그가 보장하신다. 그래서 하나님께서는 그 언약을 영원한 언약으로 삼으시는 것이다."[1]

---

1) Andrew Murray, The Two Covenants (Old Tappan, New Jersey: Fleming H. Revell Co.), pp. 11-12.

# 제 1 일

마지막 연구 주간이 될 금주에는, 다시 한 번 아브라함의 언약, 옛 언약 그리고 새 언약의 관계를 점검해 보고자 합니다. 하나님께서 우리가 이 언약 관계에 비추어 어떻게 살아야 하는지 가르쳐 주시기를 기도합니다.

8과부터 옛 언약과 새 언약에 대하여 배운 모든 것을 염두에 두고 고린도후서 3장을 읽으십시오. 정신을 집중하여 철저하게 읽으십시오.

### 고린도후서 3장

[1]우리가 다시 자천하기를 시작하겠느냐 우리가 어찌 어떤 사람처럼 천거서를 너희에게 부치거나 혹 너희에게 맡거나 할 필요가 있느냐 [2]너희가 우리의 편지라 우리 마음에 썼고 뭇 사람이 알고 읽는 바라 [3]너희는 우리로 말미암아 나타난 그리스도의 편지니 이는 먹으로 쓴 것이 아니요 오직 살아계신 하나님의 영으로 한 것이며 또 돌비에 쓴 것이 아니요 오직 육의 심비에 한 것이라 [4]우리가 그리스도로 말미암아 하나님을 향하여 이같은 확신이 있으니 [5]우리가 무슨 일이든지 우리에게서 난 것같이 생각하여 스스로 만족할 것이 아니니 우리의 만족은 오직 하나님께로서 났느니라 [6]저가 또 우리로 새 언약의 일군 되기에 만족케 하셨으니 의문으로 하지 아니하고 오직 영으로 함이니 의문은 죽이는 것이요 영은 살리는 것임이니라 [7]돌에 써서 새긴 죽게 하는 의문의 직분도 영광이 있어 이스라엘 자손들이 모세의 얼굴의 없어질 영광을 인하여 그 얼굴을 주목하지 못하였거든 [8]하물며 영의 직분이 더욱 영광이 있지 아니하겠느냐 [9]정죄의 직분도 영광이 있은즉 의의 직분은 영광이 더욱 넘치리라 [10]영광되었던 것이 더 큰 영광을 인하여 이에 영광될 것이 없으나 [11]없어질 것도 영광으로 말미암았은즉 길이 있을 것은 더욱 영광 가운데 있느니라 [12]우리가 이같은 소망이 있으므로 담대히 말하노니 [13]우리는 모세가 이스라엘 자손들로 장차 없어질 것의 결국을 주목치 못하게 하려고 수건을

그 얼굴에 쓴 것같이 아니하노라 ¹⁴그러나 저희 마음이 완고하여 오늘까지라도 구약을 읽을 때에 그 수건이 오히려 벗어지지 아니하고 있으니 그 수건은 그리스도 안에서 없어질 것이라 ¹⁵오늘까지 모세의 글을 읽을 때에 수건이 오히려 그 마음을 덮었도다 ¹⁶그러나 언제든지 주께로 돌아가면 그 수건이 벗어지리라 ¹⁷주는 영이시니 주의 영이 계신 곳에는 자유함이 있느니라 ¹⁸우리가 다 수건을 벗은 얼굴로 거울을 보는 것같이 주의 영광을 보매 저와 같은 형상으로 화하여 영광으로 영광에 이르니 곧 주의 영으로 말미암음이니라

1. 이 장에서는 두 가지를 대조하고 있습니다. 대조되는 내용은 무엇입니까?

2. 3절은 에스겔 11:19-20과 어떻게 비교됩니까?

    에스겔 11:19-20

    ¹⁹내가 그들에게 일치한 마음을 주고 그 속에 새 신을 주며 그 몸에서 굳은 마음을 제하고 부드러운 마음을 주어서 ²⁰내 율례를 좇으며 내 규례를 지켜 행하게 하리니 그들은 내 백성이 되고 나는 그들의 하나님이 되리라

3. 출애굽기 34:29-35에서 모세의 얼굴을 가린 수건에 관하여 읽은 일이 있습니다. 복습하는 의미로 다시 한 번 읽고 이 수건에 대하여 성경이 진술하는 바를 기록하십시오.

출애굽기 34:29-35

²⁹모세가 그 증거의 두 판을 자기 손에 들고 시내 산에서 내려오니 그 산에서 내려올 때에 모세는 자기가 여호와와 말씀하였음을 인하여 얼굴 꺼풀에 광채가 나나 깨닫지 못하였더라 ³⁰아론과 온 이스라엘 자손이 모세를 볼 때에 모세의 얼굴 꺼풀에 광채 남을 보고 그에게 가까이 하기를 두려워하더니 ³¹모세가 그들을 부르니 아론과 회중의 모든 어른이 모세에게로 오고 모세가 그들과 말하니 ³²그 후에야 온 이스라엘 자손이 가까이 오는지라 모세가 여호와께서 시내 산에서 자기에게 이르신 말씀을 다 그들에게 명하고 ³³그들에게 말하기를 마치고 수건으로 자기 얼굴을 가리웠더라 ³⁴그러나 모세가 여호와 앞에 들어가서 함께 말씀할 때에는 나오기까지 수건을 벗고 있다가 나와서는 그 명하신 일을 이스라엘 자손에게 고하며 ³⁵이스라엘 자손이 모세의 얼굴의 광채를 보는 고로 모세가 여호와께 말씀하러 들어가기까지 다시 수건으로 자기 얼굴을 가리웠더라

4. 고린도후서 3장에 의하면, 왜 모세가 얼굴에 수건을 썼습니까?

5. 마음에 쓴 수건에 대하여 바울이 말하는 바가 무엇이라고 생각합니까? 그것은 어떻게 혹은 언제 벗어집니까?

6. 이 장에 있는 옛 언약과 새 언약의 대조되는 내용을 목록으로 정리해보십시오.

    옛 언약           새 언약

## 제 2 일 - 제 3 일

오늘은 갈라디아서 3장을 살펴볼 것인데, 그에 앞서 이 성경의 주제와 이 편지를 쓴 바울의 목적을 이해해야 할 필요가 있습니다.

그들은 예수 그리스도의 복음을 왜곡하는 흐름에 묻혀갈 위험에 처해 있었습니다. 바울은 이 곡해를 가리켜서 그들이 배워왔던 것과 반대되는 복음이라고 했습니다. 이 "복음"은 무엇입니까? 그것은 믿음으로 구원받았지만 율법으로 온전케 된다고 했습니다. 그러므로 그것은 은혜와 율법을 혼합해 놓은 것이었습니다 : 믿음 더하기 행위, 율법을 통한 의. 만일 이것이 사실이라면, 첫 언약의 율법은 히브리서 8:13에서 말씀하는 것처럼 없어져가는 것이 아닐 것이며, 히브리서 10:9에서 말씀하는 것처럼 폐하지도 않을 것입니다. 히브리서 10:1의 내용과는 상반되게, 율법은 나아오는 자들을 온전케 할 수 있을 것입니다.

이 저주받을 다른 복음(갈 1:8)을 꺾는 것이 갈라디아서를 쓴 바울의 본래 목적입니다. 그들을 그리스도께로 인도하기 위하여 세 가지 주요한 언약의 관계를 보여 줌으로써 이 목적을 성취하려고 합니다. 읽을 때 바울 서신의 대상자는 주로 이방인이었음을 깨닫는 것이 중요합니다. 이 이교를 들여온 사람들은 바로 그리스도를 믿는 유대인들이었습니다. 이들을 가리켜서 "유대주의자"라고 부르며, 이들은 이 이방인 신자들을 율법 아래로 인도하며 할례를 받게 했습니다(갈 5:1-12).

바울의 목적은 그의 사도직을 옹호함으로써 자기의 가르침에 대하여 신빙성을 갖게 하는 것(갈 1-2장), 그리고 새 언약 가운데서 내주하시는 성령을 모신 사람들에게 속한 자유의 삶을 갈라디아 사람들에게 보여 주는 것입니다(갈 5-6장). 갈라디아서 3-4장은 유대주의자들에 대항하는 바울의 교리적 호소입니다. 이제 이 두 장을 자세히 살펴봅시다.

살펴보는 가운데 자문해 보십시오. 나는 그리스도인으로서의 삶을 어떤 기반 위에서 영위하고 있는가? 나는 육체로 하나님을 기쁘시게 하려고 하는가? 혹은 몇 가지 율법 조항을 따라 사는 것으로 하나님을 기쁘시게 하려고 애쓰는가? 내가 매일 조용한 시간을 갖고, 기도하고, 전도하고, 성경연구하는 것 등등을 실패할 때 하나님께서 내게 노하시리라고 믿는가? 내가 믿음으로 구원받았지만 행위로 온전케 된다고 느끼는가? 나는 성령으로 사는 것이 무엇인지 알고 있는가?

이제 이 모든 것을 염두에 두고서 갈라디아서 3장을 읽으면 더 잘 이해할 수 있을 것입니다.

부록에 갈라디아서 3장 관찰작업표가 있습니다(241면). 숙고하기 위하여 중단하지 말고 처음부터 끝까지 통독하고 다음을 답하시오.

1. 다음의 주요한 반복어 혹은 어구들을 구별되는 색이나 기호로 표시하십시오.
    a. 율법(혹은 율법의)
    b. 믿음, 믿음의, 믿음으로 말미암아, 혹은 믿다(동사)
    c. 행위
    d. 듣고
    e. 성령
    f. 자손(씨)
    g. 아브라함
    h. 약속
    i. 저주
    j. 언약
    k. 이방
    l. 예수 혹은 그리스도
    m. 하나님


2. 이제 별지에 다음에 대하여 배운 모든 것을 목록으로 만들어 보십시오.
    a. 율법
    b. 성령
    c. 그리스도 예수
    d. 하나님
    e. 믿음
    f. 아브라함

g. 자손(씨)

h. 이방

3. 2번의 목록을 관찰작업표 아래 여백에 옮겨 쓰십시오. 작은 글씨로 적어야 할 것입니다.

4. 갈라디아서 3장에 대조가 있습니까?

5. "그런즉", "그러므로", "종말로" 같이 결론을 나타내는 말을 보았습니까? 그런 말이 있으면 표시해 놓으십시오.

6. 위의 문제들을 끝내고 다음 질문에 답하십시오.
   a. 바울이 서신을 쓰는 목적을 나타내는 구절은 어느 것입니까? 달리 말하면, 이 유대주의자들의 가르침에 관한 실마리를 주는 구절은 어떤 것입니까?

   b. 갈라디아서 3장에 따르면, 아브라함의 언약이 옛 언약과 같지 않고 옛 언약의 연장도 아님을 어떻게 알 수 있습니까?

   c. 아브라함의 언약은 새 언약과 어떤 관련이 있습니까?

d. 이방인들이 어떻게 아브라함의 자손이 됩니까? 이것은 그들이 어떤 존재가 되게 합니까?


e. 사람이 어떻게 성령을 받습니까?


f. 이것은 에스겔 36:26-27과 어떻게 비교됩니까?

에스겔 36 :26-27

²⁶또 새 영을 너희 속에 두고 새 마음을 너희에게 주되 너희 육신에서 굳은 마음을 제하고 부드러운 마음을 줄 것이며 ²⁷또 내 신을 너희 속에 두어 너희로 내 율례를 행하게 하리니 너희가 내 규례를 지켜 행할지라


g. 성구사전에서 다음 단어들을 찾아보십시오.
   1) 매인(Kept)- "phroureo"

   2) 몽학선생(School master)

h. 율법의 목적은 무엇이었습니까?

살펴보아야 할 내용이 더 있지만 이 정도면 적당하다고 생각합니다. 이 장을 통해 하나님께서 여러분에게 개인적으로 어떻게 말씀하셨는지 말해보십시오.

이번에는 갈라디아서 4장 관찰작업을 하겠습니다. 여러분이 놓쳐서는 안 될 아름다운 알레고리가 있습니다.

이 마지막 이틀 간은 갈라디아서 3장 관찰작업보다는 훨씬 가벼울 것이므로 염려하지 마십시오.

1. 다음의 단어들을 표시하십시오.
    a. 하나님
    b. 종, 종노릇
    c. 아들
    d. 예수, 그리스도, 혹은 하나님의 아들로 그를 가리키는 말
    e. 영
    f. 율법
    g. 자녀들
    h. 약속
    i. 계집 종
    j. 자유하는 여자

2. 방금 표시한 단어들에 관하여 여러분이 배운 모든 것에 대한 목록을 작성하십시오. 그 목록들을 관찰작업표에 옮겨 쓰십시오.

3. 이 장에서 대조되는 내용이 있으면 기록하십시오.

4. 알레고리란 하나의 사물을 다른 것의 이미지로 묘사하는 것입니다. 그 의미는 명석한 상상력으로 배우는 것이 아니라 본문을 적절히 관찰하면 알 수 있는 것입니다. 본문이 말하고자 하는 바를 충분히 드러나게 하고 본문이 말하는 것 이상을 취하지 마십시오. 알레고리칼한 해석은 결코 성경의 분명한 가르침에 모순되지 않습니다.

   a. 아브라함의 아들들은 누구였으며 그들의 어머니들은 누구였습니까? 출생 순서에 따라 기록하십시오. 그리고나서 다음 도표의 빈칸을 채우십시오.

   ### 여자와 두 언약의 비유

   | 아들 1 | 아들 2 |
   |---|---|
   | 이름: | 이름: |
   | 어머니의 이름: | 어머니의 이름: |
   | 비유적으로 어머니는 _____ 언약의 그림이다. | 비유적으로 어머니는 _____ 언약의 그림이다.[2] |
   | _____산에서 유래한다. | _____산에서 유래한다. |
   | 자녀들은 _____이다. | 자녀들은 _____이다. |
   | _____를 따라 났다. | _____를 따라 났다. |

   b. 바울은 갈라디아서 4:21에서 질문을 하고 있습니다. 율법은 옛 언약을 말하며 특별히 창세기에서 신명기까지입니다. 갈라디

---

[2] 이것은 언급되지 않았습니다. 어느 산에서 언약의 피를 흘렸습니까?

아서 4:30-31에 의하면, 율법이 가르치는 것은 무엇입니까?

갈라디아서 4:21, 30-31

²¹내게 말하라 율법 아래 있고자 하는 자들아 율법을 듣지 못하였느냐 … ³⁰그러나 성경이 무엇을 말하느뇨 계집종과 그 아들을 내어쫓으라 계집종의 아들이 자유하는 여자의 아들로 더불어 유업을 얻지 못하리라 하였느니라 ³¹그런즉 형제들아 우리는 계집종의 자녀가 아니요 자유하는 여자의 자녀니라

c. 실제적으로 이것은 무엇을 의미합니까? 여러분이 율법아래 살지 않는다면 육체를 어떻게 처리할 것입니까?

1) 새 언약이 누구를 내주하게 합니까?

2) 에스겔 36:27에 의하면, 그 분이 여러분 안에서 어떤 일을 하실 것입니까?

에스겔 36:27

²⁷또 내 신을 너희 속에 두어 너희로 내 율례를 행하게 하리니 너희가 내 규례를 지켜 행할지라

3) 이것을 로마서 8:4과 비교해 보고, 무엇을 말하는지 여러분 자신의 말로 대답해 보십시오.

로마서 8:4

⁴육신을 좇지 않고 그 영을 좇아 행하는 우리에게 율법의 요구를 이루어지게 하려 하심이니라

4) 갈라디아서 5:16-18에 의하면, 새 언약 아래서는 어떻게 육신을 다룹니까?

갈라디아서 5:16-18

¹⁶내가 이르노니 너희는 성령을 좇아 행하라 그리하면 육체의 욕심을 이루지 아니하리라 ¹⁷육체의 소욕은 성령을 거스리고 성령의 소욕은 육체를 거스리나니 이 둘이 서로 대적함으로 너희의 원하는 것을 하지 못하게 하려 함이니라 ¹⁸너희가 만일 성령의 인도하시는 바가 되면 율법 아래 있지 아니하리라

5) 갈라디아서 5:25이 무엇을 의미한다고 생각합니까?

²⁵만일 우리가 성령으로 살면 또한 성령으로 행할지니

5. 갈라디아서에서 배운 것을 이용하여, 본과 제 2 일의 갈라디아서 3장 서론에서 여러분에게 드린 개인적인 질문에 대답해 보십시오.

6. 앤드류 머레이를 인용하겠습니다. 그의 말을 충분히 숙고해 보고 새 언약을 주심에 대하여 하나님을 찬양하면서 무릎을 꿇고 경배하십시오.

　　새 언약은 인간의 사고로 고안해 낼 수 없었던 방식으로 하나님의 신실하심 뿐만 아니라 인간의 신실함에 대해서도 보장해 주고 있다, 즉 어떠한 인간들도 맺을 수 없는 약정에 의해, 그리고 하나님의 무한히 낮아지신 태도와 그 능력과 신실하심이 아주 놀랍게 나타난 약속에 의해서, 또한 하나님의 지혜와 능력의 초자연적 신비에 의해서 새 언약은 그러한 보증을 해 주는 것이다. 그리고 하나님의 신실하심 뿐만 아니라 인간의 신실함도 보증하시는 이 약속은 하나님 자신이 하시지 않고는 어떤 방법으로도 실현불가능하다. 애써 이것을 붙들라. 갈라디아서 이후로 그리스도인들이 새 언약이 실제로 가져다 주는 것을 깨달을 수 없었고 믿을 수 없었던 것은 새 언약의 이러한 본질적인 부분, 언약이 의미하는 바에 대하여 인간이 생각할 수 있는 범위를 훨씬 능가하는 그 본질적 부분 때문이다. 그들은 인간의 불신실함이 완전히 정복될 수 없고 고칠 수 없는 것으로 여겨져야만 할 요소라고 생각하였다. 그리고 순종하는 생활은, 안으로 선한 양심의 증거와 위로 하나님의 기준으로 볼 때 도저히 기대할 수 없는 것이라고 생각하였다. 그러므로 그들은 성령께서 그리스도인이 해야 하는 모든 일을 어떻게 끊임없이 보편적인 방법으로 전혀 부족함이 없이 행하시는 분인가를 결코 깨닫지 못했다.[4]

이 언약의 책인 성경을 연구하지 못하게 하려고 유혹하는 적의 모든 간계에도 불구하고 본 과정을 끝마친 여러분들을 다시 한번 칭찬해 드리고 싶습니다. 여러분이 전쟁을 치루어야 했던 사실이 의아스럽습니까? 확실히 여러분은 하나님께 속하였으며 이 언약의 진리는 여러분의 소유가 되었습니다. 그러나 사탄은 여러분이 언약을 깨우치는 것을 원치 않습니다.

　요한계시록 11:19에서 언급된 언약궤를 제외하면, 성경에서 "언약"이 마지막으로 사용된 곳은 히브리서입니다. 이 축복된 마지막 말씀을 여러분을 위한 기도로 남기고 싶습니다.

　양의 큰 목자이신 우리 주 예수를 영원한 언약의 피로 죽은 자 가운데서 이끌어 내신 평강의 하나님이 모든 선한 일에 너희를 온전케 하사 자기 뜻을 행하게 하시고 그 앞에 즐거운 것을 예수 그리스도로 말미암아 우리 속에 이루시기를 원하노라 영광이 그에게 세세무궁토록 있을지어다 아멘 (히 13:20-21)

---

4) Andrew Murray, pp. 49-50.

*Note*

*Note*

# 부 록
(관찰작업표)

# 창세기 17 장

장제목 _____

요 절 _____

1 아브람의 구십구 세 때에 여호와께서 아브람에게 나타나서 그에게 이르시되 나는 전능한 하나님이라 너는 내 앞에서 행하여 완전하라

2 내가 내 언약을 나와 너 사이에 세워 너로 심히 번성케 하리라 하시니

3 아브람이 엎드린대 하나님이 또 그에게 일러 가라사대

4 내가 너와 내 언약을 세우니 너는 열국의 아비가 될지라

5 이제 후로는 네 이름을 아브람이라 하지 아니하고 아브라함이라 하리니 이는 내가 너로 열국의 아비가 되게 함이니라

6 내가 너로 심히 번성케 하리니 나라들이 네게로 좇아 일어나며 열왕이 네게로 좇아 나리라

7 내가 내 언약을 나와 너와 네 대대 후손의 사이에 세워서 영원한 언약을 삼고 너와 네 후손의 하나님이 되리라

8 내가 너와 네 후손에게 너의 우거하는 이 땅 곧 가나안 일경으로 주어 영원한 기업이 되게 하고 나는 그들의 하나님이 되리라

9 하나님이 또 아브라함에게 이르시되 그런즉 너는 내 언약을

지키고 네 후손도 대대로 지키라

10 너희 중 남자는 다 할례를 받으라 이것이 나와 너희와 너희 후손 사이에 지킬 내 언약이니라

11 너희는 양피를 베어라 이것이 나와 너희 사이의 언약의 표징이니라

12 대대로 남자는 집에서 난 자나 혹 너희 자손이 아니요 이방 사람에게서 돈으로 산 자를 무론하고 난 지 팔 일 만에 할례를 받을 것이라

13 너희 집에서 난 자든지 너희 돈으로 산 자든지 할례를 받아야 하리니 이에 내 언약이 너희 살에 있어 영원한 언약이 되려니와

14 할례를 받지 아니한 남자 곧 그 양피를 베지 아니한 자는 백성 중에서 끊어지리니 그가 내 언약을 배반하였음이니라

15 하나님이 또 아브라함에게 이르시되 네 아내 사래는 이름을 사래라 하지 말고 그 이름을 사라라 하라

16 내가 그에게 복을 주어 그로 네게 아들을 낳아주게 하며 내가 그에게 복을 주어 그로 열국의 어미가 되게 하리니 민족의 열왕이 그에게서 나리라

17 아브라함이 엎드리어 웃으며 심중에 이르되 백 세 된 사람이 어찌 자식을 낳을까 사라는 구십 세니 어찌 생산하리요 하고

18 아브라함이 이에 하나님께 고하되 이스마엘이나 하나님 앞에 살기를 원하나이다

19 하나님이 가라사대 아니라 네 아내 사라가 정녕 네게 아들을 낳으리니 너는 그 이름을 이삭이라 하라 내가 그와 내 언약을 세우리니 그의 후손에게 영원한 언약이 되리라

20 이스마엘에게 이르러는 내가 네 말을 들었나니 내가 그에게 복을 주어 생육이 중다하여 그로 크게 번성케 할지라 그가 열두 방백을 낳으리니 내가 그로 큰 나라가 되게 하려니와

21 내 언약은 내가 명년 이 기한에 사라가 네게 낳을 이삭과 세우리라

22 하나님이 아브라함과 말씀을 마치시고 그를 떠나 올라가셨더라

23 이에 아브라함이 하나님이 자기에게 말씀하신 대로 이 날에 그 아들 이스마엘과 집에서 생장한 모든 자와 돈으로 산 모든 자 곧 아브라함의 집 사람 중 모든 남자를 데려다가 그 양피를 베었으니

24 아브라함이 그 양피를 벤 때는 구십구 세이었고

25 그 아들 이스마엘이 그 양피를 벤 때는 십삼 세이었더라

26 당일에 아브라함과 그 아들 이스마엘이 할례를 받았고

27 그 집의 모든 남자 곧 집에서 생장한 자와 돈으로 이방 사람에게서 사온 자가 다 그와 함께 할례를 받았더라

## 갈라디아서 3 장

장제목 _____
요 절 _____

1 어리석도다 갈라디아 사람들아 예수 그리스도께서 십자가에 못 박히신 것이 너희 눈 앞에 밝히 보이거늘 누가 너희를 꾀더냐

2 내가 너희에게 다만 이것을 알려하노니 너희가 성령을 받은 것은 율법의 행위로냐 듣고 믿음으로냐

3 너희가 이같이 어리석으냐 성령으로 시작하였다가 이제는 육체로 마치겠느냐

4 너희가 이같이 많은 괴로움을 헛되이 받았느냐 과연 헛되냐

5 너희에게 성령을 주시고 너희 가운데서 능력을 행하시는 이의 일이 율법의 행위에서냐 듣고 믿음에서냐

6 아브라함이 하나님을 믿으매 이것을 그에게 의로 정하셨다 함과 같으니라

7 그런즉 믿음으로 말미암은 자들은 아브라함의 아들인줄 알지어다

8 또 하나님이 이방을 믿음으로 말미암아 의로 정하실 것을 성경이 미리 알고 먼저 아브라함에게 복음을 전하되 모든 이방이 너를 인하여 복을 받으리라 하였으니

9 그러므로 믿음으로 말미암은 자는 믿음이 있는 아브라함과 함께 복을 받느니라

10 무릇 율법 행위에 속한 자들은 저주 아래 있나니 기록된 바 누구든지 율법 책에 기록된 대로 온갖 일을 항상 행하지 아니하는 자는 저주 아래 있는 자라 하였음이라

11 또 하나님 앞에서 아무나 율법으로 말미암아 의롭게 되지 못할 것이 분명하니 이는 의인이 믿음으로 살리라 하였음이니라

12 율법은 믿음에서 난 것이 아니라 이를 행하는 자는 그 가운데서 살리라 하였느니라

13 그리스도께서 우리를 위하여 저주를 받은 바 되사 율법의 저주에서 우리를 속량하셨으니 기록된 바 나무에 달린 자마다 저주 아래 있는 자라 하였음이라

14 이는 그리스도 예수 안에서 아브라함의 복이 이방인에게 미치게 하고 또 우리로 하여금 믿음으로 말미암아 성령의 약속을 받게 하려 함이니라

15 형제들아 사람의 예대로 말하노니 사람의 언약이라도 정한 후에는 아무나 폐하거나 더하거나 하지 못하느니라

16 이 약속들은 아브라함과 그 자손에게 말씀하신 것인데 여럿을 가리켜 그 자손들이라 하지 아니하시고 오직 하나를 가리켜 네 자손이라 하셨으니 곧 그리스도라

17 내가 이것을 말하노니 하나님의 미리 정하신 언약을 사백삼

십년 후에 생긴 율법이 없이 하지 못하여 그 약속을 헛되게 하지 못하리라

18 만일 그 유업이 율법에서 난 것이면 약속에서 난 것이 아니리라 그러나 하나님이 약속으로 말미암아 아브라함에게 은혜로 주신 것이라

19 그런즉 율법은 무엇이냐 범법함을 인하여 더한 것이라 천사들로 말미암아 중보의 손을 빌어 베푸신 것인데 약속하신 자손이 오시기까지 있을 것이라

20 중보는 한편만 위한 자가 아니니 오직 하나님은 하나이시니라

21 그러면 율법이 하나님의 약속들을 거스리느냐 결코 그럴 수 없느니라 만일 능히 살게 하는 율법을 주셨더면 의가 반드시 율법으로 말미암았으리라

22 그러나 성경이 모든 것을 죄 아래 가두었으니 이는 예수 그리스도를 믿음으로 말미암은 약속을 믿는 자들에게 주려 함이니라

23 믿음이 오기 전에 우리가 율법 아래 매인 바 되고 계시될 믿음의 때까지 갇혔느니라

24 이같이 율법이 우리를 그리스도에게로 인도하는 몽학 선생이 되어 우리로 하여금 믿음으로 말미암아 의롭다 함을 얻게 하려 함이니라

25 믿음이 온 후로는 우리가 몽학 선생 아래 있지 아니하도다

26 너희가 다 믿음으로 말미암아 그리스도 예수 안에서 하나님

의 아들이 되었으니

27 누구든지 그리스도와 합하여 세례를 받은 자는 그리스도로 옷입었느니라

28 너희는 유대인이나 헬라인이나 종이나 자주자나 남자나 여자 없이 다 그리스도 예수 안에서 하나이니라

30 너희가 그리스도께 속한 자면 곧 아브라함의 자손이요 약속대로 유업을 이을 자니라

## 갈라디아서 4 장

장제목 _____
요 절 _____

1 내가 또 말하노니 유업을 이을 자가 모든 것의 주인이나 어렸을 동안에는 종과 다름이 없어서
2 그 아버지의 정한 때까지 후견인과 청지기 아래 있나니
3 이와 같이 우리도 어렸을 때에 이 세상 초등 학문 아래 있어서 종 노릇 하였더니
4 때가 차매 하나님이 그 아들을 보내사 여자에게서 나게 하시고 율법 아래 나게 하신 것은
5 율법 아래 있는 자들을 속량하시고 우리로 아들의 명분을 얻게 하려 하심이라
6 너희가 아들인 고로 하나님이 그 아들의 영을 우리 마음 가운데 보내사 아바 아버지라 부르게 하셨느니라
7 그러므로 네가 이 후로는 종이 아니요 아들이니 아들이면 하나님으로 말미암아 유업을 이을 자니라
8 그러나 너희가 그 때에는 하나님을 알지 못하여 본질상 하나님이 아닌 자들에게 종 노릇 하였더니
9 이제는 너희가 하나님을 알 뿐더러 하나님의 아신 바 되었거늘 어찌하여 다시 약하고 천한 초등 학문으로 돌아가서 다시

저희에게 종 노릇 하려 하느냐

10 너희가 날과 달과 절기와 해를 삼가 지키니
11 내가 너희를 위하여 수고한 것이 헛될까 두려워하노라
12 형제들아 내가 너희와 같이 되었은즉 너희도 나와 같이 되기를 구하노라 너희가 내게 해롭게 하지 아니하였느니라
13 내가 처음에 육체의 약함을 인하여 너희에게 복음을 전한 것을 너희가 아는 바라
14 너희를 시험하는 것이 내 육체에 있으되 이것을 너희가 업신여기지도 아니하며 버리지도 아니하고 오직 나를 하나님의 천사와 같이 또는 그리스도 예수와 같이 영접하였도다
15 너희의 복이 지금 어디 있느냐 내가 너희에게 증거하노니 너희가 할 수만 있었더면 너희의 눈이라도 빼어 나를 주었으리라
16 그런즉 내가 너희에게 참된 말을 하므로 원수가 되었느냐
17 저희가 너희를 대하여 열심 내는 것이 좋은 뜻이 아니요 오직 너희를 이간 붙여 너희로 저희를 대하여 열심 내게 하려 함이라
18 좋은 일에 대하여 열심으로 사모함을 받음은 내가 너희를 대하였을 때뿐 아니라 언제든지 좋으니라
19 나의 자녀들아 너희 속에 그리스도의 형상이 이루기까지 다시 너희를 위하여 해산하는 수고를 하노니
20 내가 이제라도 너희와 함께 있어 내 음성을 변하려 함은 너희를 대하여 의심이 있음이라

21 내게 말하라 율법 아래 있고자 하는 자들아 율법을 듣지 못하였느냐
22 기록된 바 아브라함이 두 아들이 있으니 하나는 계집종에게서, 하나는 자유하는 여자에게서 났다 하였으나
23 계집종에게서는 육체를 따라 났고 자유하는 여자에게서는 약속으로 말미암았느니라
24 이것은 비유니 이 여자들은 두 언약이라 하나는 시내 산으로부터 종을 낳은 자니 곧 하가라
25 이 하가는 아라비아에 있는 시내 산으로 지금 있는 예루살렘과 같은 데니 저가 그 자녀들로 더불어 종 노릇 하고
26 오직 위에 있는 예루살렘은 자유자니 곧 우리 어머니라
27 기록된 바 잉태치 못한 자여 즐거워하라 구로치 못한 자여 소리질러 외치라 이는 홀로 사는 자의 자녀가 남편 있는 자의 자녀보다 많음이라 하였으니
28 형제들아 너희는 이삭과 같이 약속의 자녀라
29 그러나 그 때에 육체를 따라 난 자가 성령을 따라 난 자를 핍박한 것같이 이제도 그러하도다
30 그러나 성경이 무엇을 말하느뇨 계집종과 그 아들을 내어쫓으라 계집종의 아들이 자유하는 여자의 아들로 더불어 유업을 얻지 못하리라 하였느니라
31 그런즉 형제들아 우리는 계집종의 자녀가 아니요 자유하는 여자의 자녀니라

## 히브리서 9 장

장제목 _____
요 절 _____

1 첫 언약에도 섬기는 예법과 세상에 속한 성소가 있더라
2 예비한 첫 장막이 있고 그 안에 등대와 상과 진설병이 있으니 이는 성소라 일컫고
3 또 둘째 휘장 뒤에 있는 장막을 지성소라 일컫나니
4 금향로와 사면을 금으로 싼 언약궤가 있고 그 안에 만나를 담은 금항아리와 아론의 싹난 지팡이와 언약의 비석들이 있고
5 그 위에 속죄소를 덮는 영광의 그룹들이 있으니 이것들에 관하여는 이제 낱낱이 말할 수 없노라
6 이 모든 것을 이같이 예비하였으니 제사장들이 항상 첫 장막에 들어가 섬기는 예를 행하고
7 오직 둘째 장막은 대제사장이 홀로 일 년 일 차씩 들어가되 피 없이는 아니하나니 이 피는 자기와 백성의 허물을 위하여 드리는 것이라
8 성령이 이로써 보이신 것은 첫 장막이 서 있을 동안에 성소에 들어가는 길이 아직 나타나지 아니한 것이라
9 이 장막은 현재까지의 비유니 이에 의지하여 드리는 예물과 제사가 섬기는 자로 그 양심상으로 온전케 할 수 없나니

10 이런 것은 먹고 마시는 것과 여러 가지 씻는 것과 함께 육체의 예법만 되어 개혁할 때까지 맡겨 둔 것이니라

11 그리스도께서 장래 좋은 일의 대제사장으로 오사 손으로 짓지 아니한 곧 이 창조에 속하지 아니한 더 크고 온전한 장막으로 말미암아

12 염소와 송아지의 피로 아니하고 오직 자기 피로 영원한 속죄를 이루사 단번에 성소에 들어가셨느니라

13 염소와 황소의 피와 및 암송아지의 재로 부정한 자에게 뿌려 그 육체를 정결케 하여 거룩케 하거든

14 하물며 영원하신 성령으로 말미암아 흠 없는 자기를 하나님께 드린 그리스도의 피가 어찌 너희 양심으로 죽은 행실에서 깨끗하게 하고 살아 계신 하나님을 섬기게 못하겠느뇨

15 이를 인하여 그는 새 언약의 중보니 이는 첫 언약 때에 범한 죄를 속하려고 죽으사 부르심을 입은 자로 하여금 영원한 기업의 약속을 얻게 하려 하심이니라

16 유언은 유언한 자가 죽어야 되나니

17 유언은 그 사람이 죽은 후에야 견고한즉 유언한 자가 살았을 때에는 언제든지 효력이 없느니라

18 이러므로 첫 언약도 피 없이 세운 것이 아니니

19 모세가 율법대로 모든 계명을 온 백성에게 말한 후에 송아지와 염소의 피와 및 물과 붉은 양털과 우슬초를 취하여 그 책과 온 백성에게 뿌려

20 이르되 이는 하나님이 너희에게 명하신 언약의 피라 하고

21 또한 이와 같이 피로써 장막과 섬기는 일에 쓰는 모든 그릇에 뿌렸느니라

22 율법을 좇아 거의 모든 물건이 피로써 정결케 되나니 피 흘림이 없은즉 사함이 없느니라

23 그러므로 하늘에 있는 것들의 모형은 이런 것들로써 정결케 할 필요가 있었으나 하늘에 있는 그것들은 이런 것들보다 더 좋은 제물로 할지니라

24 그리스도께서는 참 것의 그림자인 손으로 만든 성소에 들어가지 아니하시고 오직 참 하늘에 들어가사 이제 우리를 위하여 하나님 앞에 나타나시고

25 대제사장이 해마다 다른 것의 피로써 성소에 들어가는 것같이 자주 자기를 드리려고 아니하실지니

26 그리하면 그가 세상을 창조할 때부터 자주 고난을 받았어야 할 것이로되 이제 자기를 단번에 제사로 드려 죄를 없게 하시려고 세상 끝에 나타나셨느니라

27 한 번 죽는 것은 사람에게 정하신 것이요 그 후에는 심판이 있으리니

28 이와 같이 그리스도도 많은 사람의 죄를 담당하시려고 단번에 드리신 바 되셨고 구원에 이르게 하기 위하여 죄와 상관없이 자기를 바라는 자들에게 두 번째 나타나시리라

# 히브리서 10 장

장제목 _____
요 절 _____

1 율법은 장차 오는 좋은 일의 그림자요 참 형상이 아니므로 해마다 늘 드리는 바 같은 제사로는 나아오는 자들을 언제든지 온전케 할 수 없느니라
2 그렇지 아니하면 섬기는 자들이 단번에 정결케 되어 다시 죄를 깨닫는 일이 없으리니 어찌 드리는 일을 그치지 아니하였으리요
3 그러나 이 제사들은 해마다 죄를 생각하게 하는 것이 있나니
4 이는 황소와 염소의 피가 능히 죄를 없이 하지 못함이라
5 그러므로 세상에 임하실 때에 가라사대 하나님이 제사와 예물을 원치 아니하시고 오직 나를 위하여 한 몸을 예비하셨도다
6 전체로 번제함과 속죄제는 기뻐하지 아니하시나니
7 이에 내가 말하기를 하나님이여 보시옵소서 두루마리 책에 나를 가리켜 기록한 것과 같이 하나님의 뜻을 행하러 왔나이다 하시니라
8 위에 말씀하시기를 제사와 예물과 전체로 번제함과 속죄제는 원치도 아니하고 기뻐하지도 아니하신다 하셨고 (이는 다 율법을 따라 드리는 것이라)

9 그 후에 말씀하시기를 보시옵소서 내가 하나님의 뜻을 행하러 왔나이다 하셨으니 그 첫 것을 폐하심은 둘째 것을 세우려 하심이니라

10 이 뜻을 좇아 예수 그리스도의 몸을 단번에 드리심으로 말미암아 우리가 거룩함을 얻었노라

11 제사장마다 매일 서서 섬기며 자주 같은 제사를 드리되 이 제사는 언제든지 죄를 없게 하지 못하거니와

12 오직 그리스도는 죄를 위하여 한 영원한 제사를 드리시고 하나님 우편에 앉으사

13 그 후에 자기 원수들로 자기 발등상이 되게 하실 때까지 기다리시나니

14 저가 한 제물로 거룩하게 된 자들을 영원히 온전케 하셨느니라

15 또한 성령이 우리에게 증거하시되

16 주께서 가라사대 그 날 후로는 저희와 세울 언약이 이것이라 하시고 내 법을 저희 마음에 두고 저희 생각에 기록하리라 하신 후에

17 또 저희 죄와 저희 불법을 내가 다시 기억지 아니하리라 하셨으니

18 이것을 사하셨은즉 다시 죄를 위하여 제사드릴 것이 없느니라

19 그러므로 형제들아 우리가 예수의 피를 힘입어 성소에 들어갈 담력을 얻었나니

20 그 길은 우리를 위하여 휘장 가운데로 열어 놓으신 새롭고 산 길이요 휘장은 곧 저의 육체니라

21 또 하나님의 집 다스리는 큰 제사장이 계시매

22 우리가 마음에 뿌림을 받아 양심의 악을 깨닫고 몸을 맑은 물로 씻었으나 참 마음과 온전한 믿음으로 하나님께 나아가자

23 또 약속하신 이는 미쁘시니 우리가 믿는 도리의 소망을 움직이지 말고 굳게 잡아

24 서로 돌아보아 사랑과 선행을 격려하며

25 모이기를 폐하는 어떤 사람들의 습관과 같이 하지 말고 오직 권하여 그 날이 가까움을 볼수록 더욱 그리하자

# 하나님의
# 신실한
# 언약

Precept

| 저자 | 케이 아더 |
| 역자 | 김경섭 등 |

| 초판 1쇄 | 1997년 8월 15일 |
| 개정 1판 1쇄 | 2009년 5월 28일 |
| 개정 2판 1쇄 | 2024년 2월 29일 |

| 발행인 | 김경섭 |
| 국제총무 | 최복순 |
| 총무 | 김현욱 |
| 협동총무 | 김상현 |
| 편집부 | 고유영(편집실장), 김성경, 박은실 |
| 인쇄 | 영진문원 |

| 발행처 | 프리셉트선교회 |
| 등록번호 | 108-82-61175 |
| 일부총판 | 생명의말씀사 Tel. (02) 3159-7979 Fax. 080-022-8585 |

| 주소 | 서울특별시 서초구 청룡마을길 8-1(신원동) (우) 06802 |
| 전화 | (02) 588-2218 팩스 | (02) 588-2268 |
| 홈페이지 | www.precept.or.kr |

국민은행 431401-04-058116(프리셉트선교회)
1997, 2009, 2024 ⓒ 프리셉트성경연구원

값 13,000원
ISBN 978-89-8475-837-7 03230

독자 여러분의 의견을 기다립니다.
(02) 588-2218 / pmbook77@naver.com